中村安希

亜紀書房

Beフラット

May
wisdom
be with us.

目次

著者写真　阿久津知宏
カバー写真　©MASAO HAYASHI/SEBUN PHOTO / amanaimages
ブックデザイン　鈴木成一デザイン室

Beフラット

プロローグ

深夜のジャカルタ空港は、降りしきる雨だった。パーキングエリア沿いの飲食店はもうほとんどが店じまいしていて、最後に残ったファストフード店も店内の客は私たちだけになっていた。

「帰国したらすぐ、政治家インタビューの仕事が始まる」

ホットチョコレートの入った紙コップをのぞきこみながら、私は見送りに来てくれたインドネシア人の銀行マンにそう言った。

日本で政権交代が起きてから、およそ半年が経過していた。半世紀以上にわたってほぼ日本を支配して来た政治体制の終焉《しゅうえん》は、歴史的な、というよりはむしろ、時代の変化がもたらしたごく自然な出来事のような気がした。

日本は経済大国で、それでいて陰鬱《いんうつ》な国でもあった。あまりにも便利な社会のなかに、息が詰まるような不自由を抱えていた。そもそも、と私は言った。

「そもそも政治家って、どんな人たちなのかしら。会ったこともないし、会いたいと思ったこともなかったし」

物心ついたときには、経済成長なんてすっかり終わっていた。就職難も自殺も過労死も、それに無差別殺人だって、ごく当たり前の現象として受け入れながら大人になった。

昔は何だってよかった。何でもいいから、モノを作りさえすれば売れる時代だった。もっと人を雇えば、もっともうかる時代だった、と、祖母は言っていた。

その言葉を聞くたびに、私は、動物たちが果実を食い尽くして走り去ったあとの、フンと食べカスだけになった果樹園を思い浮かべた。私たちは真新しいバスケットを小わきに抱えフンだらけの果樹園へ颯爽《さっそう》と登場すると、食べカスを指でつまみ上げため息をついてそれらを投げ捨てた。

「仕事がない、家がない、生きていたくない。そういう人がいっぱいいる社会って、やっぱりちょっと変だと思うの。ずいぶん前から変だったんだけど。経済は衰退していくし、貧乏人は増えていくし。問題なんて挙げ出したらキリがないけど」

融資担当の若い銀行マンは、言いづらいけれどあえて率直な意見を述べるとすると、と落ち着いた声で言った。

「君の国の人たちは、何か少しでも不満があると、すぐに政府のせいだと言うし、どうにかしてほしいと言う。だけどね、問題は政府ではなくて、むしろ別のところにあると思う」

そして、銀行マンはある日本の青年について語り出した。それは、日本で一番いい大学を卒業した優秀な若者がバリ島へやってきて、一ヵ月間ビーチに寝転んでいた、という話だった。

「彼は美しいビーチで寝ている以外、本当に何もしなかった。僕たちからすれば信じられないことだ。僕たちは、余暇の間も常に本を持ち歩いて、時間があれば勉強している。チャンスが巡ってきたときに絶対につかみ損ねないようにね。今、インドネシアや中国やベトナムの経済が、高い成長率を維持して先進国を追い上げているけれど、それは当然の結果だと思う。努力をすれば生活の質は向上するし、怠れば低下する。それだけのことだ」

彼の人柄は温かかったし、口調は決して挑発的なものではなかった。けれど私は、彼の言葉を聞き流すことができなかった。

「バリ島の青年のことだけど、彼はその大学へ行くために小さいころから猛勉強して、競争のプレッシャーに耐えてきたんじゃないかしら。それで一ヵ月だけ休んだら、あとはまた過酷な労働をし続ける人生が待っているのかもしれない。バリ島へ来る観光客を見て、あなたは怠《なま》けてるって思うかもしれないけど、その休暇を取るために、みんな普段は必死で働いているのよ。私の姉はね、毎日朝から夜遅くまで、ときには日付が変わる時間まで働いて、繁忙期には朝から点滴を打って会社へ行くこともある。ぜいたくとはほど遠い暮らしをして、小さなアパートへ寝るためだけに帰ってくるの。もちろん彼女が好きでやってる仕事なんだし、それでいいのかもしれない。だけどいつだったか、何年もずっと休みなく働いていた姉が、休みを取って四日間だけフランスへ遊びに行ったことがあった。私はすごくうれしくて、そのときに届いたメールのことを今でもよく覚えている。彼女は仕事の本なんて一冊も持っていかなかったはずよ。でも、だからって『あなたは努力が足りない』と、彼女を責める気にはとてもなれない」

搭乗時刻だけが迫っていた。深夜零時四分、私は席を立った。

「いろいろと助けてくれてありがとう。もう行かなくちゃ」

空港内は静まりかえり、出国管理局のブースにも、もう人はだれもいなかった。私は休憩中の若い係員を呼び出し、パスポートを取りだした。係員は眠そうな目で、どこへ行くのか、と訊《き》いた。

「JAPAN」

日本はどう？　と彼は言い、私は黙ったまま笑《え》みを返した。係員は、紫色のインクがついたスタンプをパスポートの三十三ページ目に押した。

15.FEB.2010

リュックを背負いなおし、私は明かりの消えた真夜中の空港を、搭乗ゲートへ向かって走っていった。

第一章

国会議事堂前

一

四ツ谷《よつや》で丸ノ内線に乗り換え、二駅目で電車を降りた。「国会議事堂前」。一番出口から地上へ上がり、右に折れるとすぐ、議員会館が見えた。

きっかけ

初めてのインタビューは、初当選、四十代後半の民主党の男性議員だった。どんないきさつで政治家になったのか、私はまずそのことについて質問した。

「気が付いたらここにいたという……」

充実した会社員生活を送っていた彼は、三十代のときに長妻昭《ながつまあきら》議員の金融勉強会に参加するようになり、その延長として国会議員になった。

「長妻さんのように、サラリーマンから国会議員をやる人がいるんだと思って、急に身近になって、それで気が付いたらその気になっちゃったの。妻も反対しなかったし」

彼は、これからも政治家として政治の世界にずっといたいと思うと言った。私は理由を訊《たず》ねた。なぜずっといたいのか、と。

「だって僕は七年も浪人したんだから。やっと働けるこの喜びですよ。言うなればプーでしたから。妻子がいて、会社もやめて。だから目の前のことを一生懸命やっていきたい。そうすれば自《おの》ずと、どっかに道はつながっていくだろうって。非常に楽観主義なんですよ」

長妻厚生労働大臣にあこがれ、いつか自分も厚労大臣になる夢を持ち、三十年後もぜひ政治家をやっていたいと語る彼に、今後三十年のビジョンを訊《き》いた。彼は、日本をここまで押し上げた最大の要因は人材だと言い、ひいては日本的精神文化の復活が重要だと説きはじめた。

「道徳や先祖を敬う精神。皇室を中心に国の形があり、独特の文化を持った国として見てもらいたいが、そのことを日本人があまり知らない。武士道の精神文化が日本を強くしたし、人を鍛えることが大事です」

そういった精神を鍛えるにはどうすればいいのか、と私は訊いた。

「歴史から学ぶしかないと思います。地道に働く真面目《まじめ》さや道徳観。日本はもう一度、もっと不便になってやり直したほうがいい。戦後、GHQによって精神的に武装解除させられたものを今から直すには六十年かかるのかなと。日本人は立ち振る舞いの根本の部分がしっかり教えられていない。国際競争の平均値まで持っていくためには、そういう精神性がどうしても必要だと思う。そのくらい今の日本は堕落していると思います」

彼は、あるミュージックグループの若者を例に出し、彼なりの期待感を語りインタビューを締めくくった。

「ただ、天皇陛下の即位二十周年のときに、陛下の前で歌と踊りを披露するにあたって、若いミュージシャンたちはふさわしい立ち振る舞いができた。サングラスをとって剃《そ》り込みをやめて、タキシードを着て、最低限のマナーを守った。これはきっと親の教育だと思いますが、陛下に対するマナーを身につけていて、こういうことをちゃんとやっている家庭教育があるのだと思ってうれしかった。まだまだ若者も捨てたもんじゃないなと思いました」

次のインタビューは、当選五回、五十代半ばの民主党中堅議員だった。元々、大蔵省の官僚だった彼は、四十歳を過ぎてから郷里の市長選に出馬したことが政界へ入ったきっかけだった。

「当時は官僚たたきのような状況で、官僚をやっていても、もうロクな仕事はできないという雰囲気があった。このままやってたって自分の一生がもったいない。つまらないと思っていたところ、郷里から市長をやってはどうかと何人かに言われて、『あのときああすればよかったな』という人生にはしたくないなと思って、役所を辞めて出馬しました」

市長選に惜しくも敗れたあと、偶然のいきさつで、イシイハジメという人物から声がかかり、今度は民主党から国会議員に立候補することになった。

「向こうが、ぜひ会いたいということで」

民主党の面接のようなものを受けるのでしょうか？　と私は質問した。政治家がどんなふうに政党に入り選挙に出るのか、どうやって人は政治家になるのか、それまでの私は考えたことすらなかったからだ。

「面接ではないですが、ホテルで会いました」

「そのときは、どんなことを訊かれるのですか？　政治観とか、どういう未来を作りたいとか、そういうことを訊かれるのでしょうか？」

「覚えてませんね。イシイ先生は理念とかにこだわらない人ですから、選挙で使えるかどうか品定めするぐらいじゃないですか?」

それならばもう少し遡《さかのぼ》って、彼が官僚の地位を捨てて市長選に出るに至った経緯を、私は訊いてみたくなった。彼は言った。

「地元の経済界の人や名士のような人、地域代表のような人、何人かに誘われました」

「そういう人たちが、選挙に出てほしいと打診してきた理由は、ご自身としては何だったと思われますか?」

「それは、私は官僚だったし、特に大蔵省出身だったからです。地元の人たちにとっては、大蔵省から来てもらえれば中央とのパイプができて、予算の獲得とかで、まあ……」

二〇〇五~二〇〇九

二〇〇五年夏、私は千駄《せんだ》ヶ谷《がや》にある小さな会社で仕事をしていた。こぢんまりとしたオフィスのなかにデスクを置いて二歳年上の先輩と背中合わせに座り、一日の大半をパソコンの前で過ごした。先輩はとても話がしやすい優しい性格の人だったし、私たちはどちらも、そこそこ本や音楽が好きな同じ二十代半ばの女で、仕事中にもかかわらず仕事と関係のないことについても、いろいろとよくおしゃべりをした。ねえねえ中村さん、と先輩は言い、回転椅子《いす》をくるっと回した。私も椅子をくるっと回して先輩のほうを振り向いた。

「今回の選挙だけどさあ、どぉ〜すればいいの？　今回はどっちに投票したらいいのか、本当にわけがわからないんだけど」

郵政民営化法案の否決を受けて衆議院が解散され、総選挙が行われることになっていた。けれど選挙の中身は、とてもわかりにくいものだった。なぜなら、自民党も民主党も郵政事業の民営化には基本的に賛成の立場だったにもかかわらず、選挙の争点が「民営化に賛成か、反対か」になっていたからだ。

私は郵政事業も含めた非効率な行政部門は一定の条件のもとで民営化して、政府の役割を縮小し、長かった自民党政権時代からのあらゆる癒着を断ち切り、国内産業の障壁となってきた規制は撤廃したほうがいいという、世間一般的な考えを持っていた。そうしなければ、日本の衰退に歯止めがかからなくなるだろうと思っていた。そしてその考え方は、小泉政権下で特殊な時代を迎えていた自民党と元々革新を信条としていた民主党の、両党に共通する方向だと理解していた。そこで私も先輩も、どぉ〜すればいいのかわからなくなってしまったのだ。

ただし、一つ違いを挙げるならば、それは選挙中の騒音にかき消されてほとんど聞こえなくなってしまっていた民主党の岡田克也《おかだかつや》代表の言葉にあった。政治は、郵政民営化だけではありません、と彼は言った。おそらく、その通りだった。

私は、その前年までの六年弱を、自由経済の本家アメリカで過ごした。それぞれが自由に競争し、夢を追いかけるという風土が、私は基本的に好きだった。けれど障害物のない自由な海で泳ぐには、それなりの体力や筋力がなければ溺《おぼ》れてしまうこともよくわかった。だれかに泳ぎ方を教えてもらい、いろいろな泳ぎ方を状況に合わせて習得し、ピンチになれば浮き輪だって投げてもらう必要がある。つまり自由の海を語るなかで重視されるべきことは、障壁を取り除く作業同様に、取り除いたあとの自由な海を人々が自力で泳げるようにするために必要なサポートを拡充することだと考えていた。自由はとても素晴らしく、同時に、自由を使いこなすのはとても大変なことなのだ。

それでも小泉政権の実行力を買うべきか、実行力不明ながら郵便局以外のことも話題にしていた岡田代表を支持すべきか、どぉ～すればいいのかわからずに、私たちは毎日、回転椅子をクルクルさせた。そして個人的に投票の決め手となったのは郵便局とは関係のない、金融資本主義と外交だった。

私は、ブッシュ政権下にあったアメリカの中東政策を支持していなかった。その政策を全面的に支持した日本の外交姿勢に一個人として失望していた。そして、経済や金融の事情にうとく、株を買った経験すらない人間だった。そこで私は、郵政民営化に賛成しながら、それ以外の理由によって自民党に投票しないという、ちょっぴり奇妙な立ち位置に行きついてしまったのだ。

私は選挙に行くために、まずは役所に行って、ずっとほったらかしていた住所変更の手続きをした。そして役所のおじさんに変更を怠っていたことを叱《しか》られたうえに、投票は旧住所の地区で行うよう指示を受けた。

選挙前日の土曜日の朝、私は平日より遅く目覚めると、部屋を簡単に掃除してから埼玉のアパートを出て電車に乗った。実家のある三重県に戻り、小選挙区、比例区の二つの投票権を二つとも民主党に投じ、それからすぐまた埼玉のアパートに戻った。

結果は民主党の惨敗だった。岡田代表が即辞任した。先輩は、も～！ と言いながら、翌月曜日の朝に出社してきた。

「投票所が閉まるギリギリにさあ、彼氏と大慌てで駆けこんでいって投票したのに。も～、こんな結果だったら行っても意味なかったんじゃないの？」

私は、役所から届いた住所変更遅延に伴う罰金の請求書を、水道代と電気代の請求書と一緒にデイリーヤマザキに持っていって支払った。ヤマザキのお姉さんが済印を勢いよく振り下ろすと、卓上で弾むゴムが、ドンドンドン！ と立派な音を立てた——まるで天罰が下るように。

翌年から二年間、私はずっと国外にいた。日本のニュースを見ることも、日本の新聞を読むことも一切なかった。たまにネットカフェへ立ち寄ったとしても、わざわざ時事を追いかけることもしなかった。その間に日本では、総理大臣がどんどん変わっていったらしかった。私はたまたま出会った旅人に、日本では今、アベという人が総理大臣をしていると教わった。アフリカのケニアだったか、タンザニアかウガンダかを旅行中に、アベという人が下痢になって総理大臣を辞めてしまって、今度はフクダという人が日本の首相になったと知った。二〇〇八年に帰国すると突然、フクダという人が逆切れして総理大臣を辞めてアソウになった。そして二〇〇九年に、私たちは再び総選挙を迎えた。

自民党の自滅によって、民主党が圧勝することは選挙前から明らかだった。私は民主党のマニフェストのサマリーに目を通した。何ともスッキリしない内容だった。お金がかかる政策が多く、どうやってお金を集めてくるのか、国民の負担がどの程度増えるのか、特に経済面において、どんな方向性をもって進もうとしているのかが、その文面からはよくわからなかった。福祉や社会保障に重点を置く大きな政府の考え方なら、社民党や共産党が昔からずっと一貫して主張してきたのだし、ここへきてわざわざ民主党がそんな路線を打ち出したことを、どう判断すればよいのかわからなくなってしまった。

私は投票所へ行った。四年前と同じように、いつもと変わらぬ顔ぶれの世襲のおじいさん二人が、民主党と自民党に分かれて競い合っていた。ほかに選択肢はなかった。私は極めて消極的な気持ちで、どちらか一方の世襲じいさんに投票し、次に比例区の投票用紙に書き込む段になって、政党が書かれた一覧表を改めて端から見ていった。私は、その空白へ「民主党」と書くことができなかった。

第二章
ボロボロ

二〇〇六年春、私は派遣会社を通じて単発の仕事をもらい、どこかのビルへ出かけた。そして、ビルを出る前に係員の指示に従って誓約書へサインした。係員はこう言った。

「ここで起きたことはすべて記憶から消してください。何もなかったことにしてください。いいですか?」

したがって、その日のことはすべて記憶から消した。どこへ行ったのか、だれに会ったのか、何をしたのか、すべて忘れることにした。

わが身一つ

「子どものころに抱いた政治家のイメージ……、そうですねえ、遠い存在で、お金に汚くて、見えないところで何かをやっている人」

幾人かの若手議員と同じように、民主党の山尾《やまお》しおり議員もまた苦笑いを浮かべてそう話しはじめた。山尾さんは、大学卒業後、検察官として仕事をしてきた。けれど検事として働きはじめて三年目ぐらいから、仕事に対する意識が変わりはじめたと彼女は言った。つまり、人の命が奪われるような事件を多少独り立ちして任されるようになって、彼女は政治の道を考えるようになった。

「犯罪というのは、起きてからでは取り返しがつかない。検事というのは起きてしまったあとの仕事ですが、本当はその手前で犯罪を起こさないようにしないといけない。政治家は私にとって遠い存在だけど、これをやるには、自分がこの世界に入るのも一つの道かなと思うようになりました。法律を変え、社会の枠組みを作り直すことで、犯罪の元を絶つということです」

山尾さんは、愛知県で検察官をやっていたときのことを語り始めた。その当時は、まだ愛知県が元気な愛知といわれているぎりぎりのころだった。リーマンショックが起きる前の、経済に少し陰りが見えはじめた愛知県で、山尾さんは検察官として起訴状を書いていた。

「起訴状には職業欄というのがあるのですが、それを見ると若い世代の被疑者の多くが、無職、あるいは派遣労働者だった。若者は、北海道から沖縄から、愛知県を目指して身一つで仕事に来るわけですね。身一つで来るから、仕事を失ったときに残るものも身一つなんですよね。家族がいない。仕事と住まいがくっついているから住まいをなくす。派遣ですから上司も先輩もいなくて、人間関係がないわけです。もちろん頑張《がんば》る人もいっぱいいるんだけれど、なかにはそうでない人も出てくる。それで、最終的に身一つで検察庁にやってくるわけです」

検察庁へやってくる人たちについて、もう少し頑張れるのではないかと思うときもありますが、という前置きをして、彼女は言った。

「やはり人というのは、仕事をなくして、家族がいなくて、地域とのつながりがないときは、弱いものだとすごく思いました」

雇用問題で苦しむ若い世代だけでなく、学校教育からはみ出てしまった子どもたちや、社会保障制度からこぼれ落ちた高齢者たちも、山尾さんはすくい取りたいと言った。

「少年院へ行って、重罪を犯した子どもと話をすると『少年院へ来るまで話し相手となる大人がだれもいなかった』と言うことも多い。最初は小さな万引きとか、自転車泥棒とか、賽銭《さいせん》泥棒とか、そういうところから始まって、だんだんと犯罪がエスカレートしていく。仲間との結びつきを強めるためや、家族の関心を引くために罪を重ね、行きつくところが少年院になる。そこに行くまでにどうしてすくい取れなかったのかと。学校、家族、地域のどこかですくい取れなかったんだろうかと。そういう意味でも教育は大きいと思います。それから、お年を召した方では住む場所と人とのきずなを求めて犯罪を犯すケースが多いですね。冬ぐらいは刑務所に入りたいという人です。冬がめぐってくるたびに百円ショップで万引きしてきて刑務所に入ると。そこで検察官にできることは、せめて冬の間だけ刑務所に入れてあげること。それだけですよね」

マネキン

二〇〇六年春、私は大手派遣会社から一本の電話を受けた。単発の仕事の依頼だった。業務内容は、大手スーパーの惣菜《そうざい》売り場で試食販売をするというもので、当日までにエプロンと三角巾《さんかくきん》が宅配便で送られてきた。私は土曜日の早朝にアパートを出て電車に乗った。どの派遣会社も大抵がそうであるように、交通費が出るわけでもなく、スーパーに着いたあとどんな手順で業務が始まるのかも、まるで知らされていなかった。私はとりあえずスーパーへ行き、貨物搬入口らしい場所を通って勝手になかへと入っていった。

細い通路は、段ボールやごみ袋で埋め尽くされていて、その合間を縫《ぬ》うようにして作業員や台車が慌ただしく通り過ぎていった。私は何人かに声をかけ、何をすべきかと訊《き》いてみたが、みんなとても忙しく、だれかに構う暇なんか一秒もないという雰囲気だった。

たった二日間だけの仕事だったし、待遇がよかったわけでも何でもない。とりあえず言われた時間だけ、スーパーでじっとしていれば時間分だけの給料が確保できると考えていた。積極的に何かをするには、契約期間はあまりに短く、段取りはあまりにも不明だった。

私は、廊下の隅に突っ立ったままスーパーの裏方業務を黙って観察することにした。いずれにせよ、だれかに何かを言われるまでは自ら行動を起こそうにも起こしようがない——惣菜屋、コンビニ、飲食店、これまでに経験した時給の低い職場のほとんどに共通する殺伐とした空気が、雑然とした通路一帯を支配していた。

しばらくぼんやりしていると、私のほかにもう一人、何もしていない女性がいた。彼女もまた、試食販売員として別の派遣会社から送り込まれてきたらしく、エプロンを持っていた。

「今日は何をするか、聞いていますか？」

私が訊《たず》ねると、はっきりとは知らないがアメリカンチェリーを売るらしい、と女性は話した。私は彼女の名前を知らなかったし、彼女にしてみたところで私の名前を知ろうが知るまいが関係のないことだった。そしてしばらくすると、従業員の一人が私たちを見つけてこう言った。

「表へ行って、チェリーとピスタチオ売ってきて」

私たちは、エプロンを着け果物売り場へ向かった。女性はチェリーの積まれたかごを探し、私はピスタチオの山の前で立ち止まった。それからピスタチオの袋を手にとり、どうするべきかと考えた。試食販売の仕事は初めてだったし、日本でピスタチオを買って食べたためしもなかった。私はとりあえず、どこだったかのスーパーやデパ地下で見たことのある試食販売員の姿を思い浮かべ、彼女たちがやっていた通りに真《ま》似《ね》してみることにした。

「ピスタチオいかがですか〜。おいしいですよ〜」

土曜日の午前中は客の数もまばらで、時折カートを押してくる客にピスタチオを勧めては、ものの見事に無視された。私は、土曜日の午前中にピスタチオを好んで買う人なんて一人もいないことを、およそ二時間あまりの退屈な業務の間に学んだ。するとそこへスーパーの従業員がやってきて、裏へ下がるよう私に指示した。名前も知らない従業員についていくと、だれだかわからない親分肌の人物が作業の手を止めることもなしに私に訊いた。

「あんた、検便した？」

私は、小学校のころに毎年やっていたピンテープのことを思い出したが、確かあれはギョウチュウ検査だったとすぐに思い直した。そして大人になってからは、検便も含めたその手の検査は、いずれにせよごぶさたになっていた。名前のわからない責任者らしい人物は、忙しそうに手を動かしながら顔をしかめた。

「だからマネキン会社に電話しろって言ったんだよ。あーもうダメだよ。悪いけど帰って」

意味はさっぱりわからなかったが、残りの業務は打ち切られた。すぐに帰るべきか、その場にしばらく居座るべきか、何をすべきかわからなかった。だれに指示を仰ぐべきかも不明だったし、私はただ、しばらくの間あてもなくその場に立ちつくした。責任者らしい人は、黙り込んだまま作業を続けていたが、突然「だ・か・ら」と言った。

「検便してないんでしょ。だからダメなの。すぐ帰って」

いらだつ責任者のため息に押し出されるように私は搬入口から通りへ飛び出し、骨が一本折れた折りたたみ傘を広げた。

駅のプラットフォームには、横なぐりの雨が降っていた。私は左耳を手の平で押さえ、右耳に押し当てた電話口から派遣会社の説明を聞いた。派遣会社のスタッフは、すべての責任はマネキン会社にあると言った。マネキン会社の通達漏れにより、派遣会社側が検便の必要性を知らされていなかったのだ、と。

話を総合すると、私は派遣会社の指示に従い、マネキン会社の下で働き、スーパーで仕事をしていた……らしかった。そして惣菜の試食販売はチェリーになり、チェリーはピスタチオになり、ピスタチオはついにウンチになった。その奇妙な連携と変容の過程で、いったいどれだけの契約料やマージンが吸い取られていったのかはわからない。

私はやってきた電車に乗り、昼過ぎにはアパートへ戻った。そして、朝から作ってスーパーへ持っていった弁当を、キッチンテーブルの上に広げて食べた。


人の結びつきが希薄になる社会について、山尾さんは語りはじめた。

「人と人との結びつきの核というのは、やはり仕事場にあると思いますが、日雇い派遣ではそれがどうしても作れないと思います。それを多様化や自分の選択だと言ってしまえば、そういう考えもあるのかもしれませんが……」

サイレン

二〇〇六年春、私は夕方になると、日雇い派遣会社の事務所へ電話をかけることが日課になっていた。翌日の仕事の有無を確認するためのものだったが、事務所の電話は夕方になるといつも混み合い、何度もかけ直す必要があった。電話がつながると、仕事があれば紹介を受け、なければないことを確認し、あるいは夜になって仕事が入る可能性がある場合なら、もう一度後からかけ直すよう指示を受けた。そんなふうにして派遣労働者たちは毎日電話をかけ続け、電話代をずいぶん無駄にした。

ある日、私は幸運にも一件の仕事の紹介を受けた。朝九時からの工場での仕事で、日給にすると六千円くらいだった。私は耳に携帯を押し当て、集合場所や集合時刻を小さな紙にメモしながら、交通費と諸費を差し引いたあとの手取り額を頭のなかで計算した。それは、アパートの家賃にしておよそ三日分。あるいは、これまでにかけ続けて無駄になった電話代を、考えようによっては少しだけ取り返せそうな額だった。

翌朝七時前にアパートを出ると、二本の電車を乗り継いで八時前には指定された駅に着いた。百円の班長手当をもらっているベテランの女性は、すでに目印の旗を持って到着していて、そこへ十数人の日雇いたちが八時を目指して集まってきた。私たちは、班長の指示に従ってバスに乗り込み、一面に広がる畑の横で一斉にバスを降りた。それから、それぞれの傘を広げ工場へと続く農道を列になって無言で歩いた。降り続く雨のせいでアスファルトはたくさんの水を含み、傘からはみ出した肩掛けカバンと靴先が、同じように水を吸って冷たく濡れそぼっていった。

始業二十分前に工場へ着くと、私たちは二階にある薄暗い広間へ通された。そこへは、あちこちの派遣会社から送られてきたと思われる、たくさんの老若男女が一堂に集められていた。私たちは長テーブルに向かい合って着席し、ただじっと口を閉じたまま始業の合図を待った。そして九時ちょうどにサイレンが鳴ると、階段を駆け下り一階の仕事場へ向かった。そしてやはり口を閉じたまま黙々と作業を進めていった。

私たちの仕事はサイレンを合図に始まり、サイレンとともに昼休みになった。長テーブルに並び黙って食事を終えると、またサイレンが鳴って午後の作業が始まった。そのたびに、工場の階段を駆け上がったり駆け下りたりした。工場内は節電のためか、暗くてとても寒かった。濡れた足先から冷えが上がってくると、私はトイレに行きたくなった。

「すみません。トイレに行ってもよろしいでしょうか？」

監督者に許可を取り、私は一度だけトイレに行った。そして出てくると、トイレ前で私を見張っていた監督者と不意に目が合い気まずくなった。私は軽く頭を下げて、小走りで自分の業務に戻った。そして終業サイレンが鳴るまでの間、やはりだれとも話すことなく、目を合わすこともなく、ただ黙々と作業を続けた。

業務を終えてバスに乗り込むころには、外はもう夕暮れどきを迎えていた。結露が窓ガラスに引いた筋の向こうに、対向車のヘッドライトがときどき顔をのぞかせた。バスのなかのあちらこちらの席に、工場で一緒に作業した派遣労働者たちが座っていたが、彼らが一体だれなのか、どこから来たのか、普段何をしているのか、名前も含めて何一つ知らないままだった。駅に着くとバスを降り、私たちはあいさつもなくそのまま別れた。霧雨のなかへ、ラッシュアワーの雑踏の海へ、それぞれはあっという間に飲み込まれていった。

それから数日後、給料の支払い準備が整ったので給与袋を取りに来るよう、派遣会社から電話があった。私は往復の電車代を浮かすために事務所まで歩いていって、ビルのカウンターで受け取りの手続きを済ませた。保険料、その他諸々が差し引かれた給与袋には、五千円札一枚と小銭がいくらか入っていた。私はビルを出ると、二本目の骨が折れた赤い折りたたみ傘を広げ、やってきた道をアパートへ向かって歩きはじめた。本当に、よく雨の降る春だった。

不毛

あの日、同じ工場で仕事をした人のなかには、大別して二種類の人が含まれていた。またその結果として二種類の「不毛」が存在していた。

一つ目は、より安定した仕事を望んでいるにもかかわらず、就職できないために、日雇いの仕事で食いつないでいる人。

望まない短期契約を繰り返しながら生き延びている人たちの未来には、はっきり言って絶望しかない。仕事には集中できないし、技術の習得にもつながらない。履歴書に書けるようなキャリアも、生活を改善するための資金も、人間関係や仕事の人脈だって何一つ蓄積されることはない。落ち着かない生活のなかで求職活動に多くの時間を費やし、交通費を自腹で払いながら意味もなく初めての場所へ足を踏み入れ、体力と気力をひたすら消耗しながら確実に歳《とし》だけはとっていく。短期労働は使い捨てであって、そこで働く人たちに不毛以外の何ももたらさない。

たとえば非正規雇用であっても一定期間の契約があれば、その間に技術を身につけ、生活の基盤を確保し、契約が切れてしまう前に次の仕事を見つけることができるかもしれない。あるいはそこで築いた人脈が、新しい仕事や地域社会とつながるきっかけをもたらすかもしれない。人と仕事、人と職場、人と技術、人と地域、人と社会、そして何よりも人と人の関《かか》わりを、短く細かくズタズタに切り分けてしまう社会では、人材は決して育たない。もし、あの工場へ向かった日雇いの若者の群れのなかに、本来はもっとやる気があって力を発揮できるはずの人材が眠っていたとしたら、私たちはその人を見捨てるのではなく、どうにか拾い上げ、未来の戦力にしていかなくてはいけない。

二つ目のタイプは、安定した仕事に就く意志がなく、派遣や短期労働をあえて選んでいる人。

事実、派遣の世界には、責任を負わなくて済むという解放感や自由度があり、特に短期派遣の場合は、時給に換算すると社員以上の給料を効率的に得ることができる場合も多く、私は好んで利用した。契約期間が短い仕事や間接雇用になればなるほど、仕事をしている実感や企業に対する責任感はなくなった。つまり裏を返せば、派遣で仕事をしていた時代、私は責任感を持つこともなく、企業や社会に対して貢献する意志もなく、職場で何かの技術や能力を高めることもなく、ただ時間をつぶしてお金をもらった。そういう類《たぐ》いの仕事だったし、どうでもいいと思わせるだけの不毛さが、あの労働形態には確かにあった。

私はとても無責任に、生産性の低い業務でわずかなお金を稼いだ。企業は人件費をちょっとだけ節約するために私を適当に使い捨てた――一見するとウィン-ウィンともとれる方向へ、お互いが安易に流されながら。

けれど結局のところ、目先の利益を追いかけるだけの短絡的な考えは、企業と個人のどちらの側にも暗い未来しか残さない。三十歳を過ぎれば、派遣で働く機会や収入は減りはじめ、四十歳を過ぎるころには生活は打つ手がないほど不安定になり、貧困状態から抜け出せなくなってしまう。企業の側から見てもデメリットは大きい。私のように短期契約を繰り返す労働者がどんどん増えていけば、能力や活力の低い人材が増殖し、日本の労働者市場は荒れ果ててしまうからだ。そして企業は、短期的なものの見方しかできない、やる気に欠ける労働者を、少し使っては捨てるサイクルを延々と続けていくことになる。

たった一日だけ足を踏み入れたあの工場や、そこに向かうバスのなかのどこをどれだけ見渡しても、何かが生まれ、育つ要素など一つだって見当たらなかった。そこは、文字通り不毛の世界だった。

残された時間

就職氷河期を経験し、不運にも正社員になりそびれた多くの貧乏人を抱える世代が、いよいよ社会の中核を担いはじめる。その後ろには、一向に経済状況が改善しないなか、より大きな負担を強《し》いられる人口減少世代が続く。

正社員になれなかった人、所得の低い人、キャリアアップに行き詰まり不毛な人生サイクルにはまり込んでしまった人たちを、本人の努力が足りないことや自己責任だけを理由にして、人材としてあきらめ切り捨ててしまうことも、社会の一つの選択肢としてないわけではない。人口が増え続け人材があり余っていた時代には、都合の悪い部分を犠牲にして切り離す発想でも乗りきってこられたのかもしれない。

けれど今の日本に、それだけの人的資源と体力はなく、これから先はますます、あきらめや切り捨てのような後ろ向きの発想では乗りきれない時代になっていく。この二十年間に倍増した生活保護世帯の数は、これからアクセルを踏み込むように急スピードで増えていくだろう。そうなれば貧しい人たちを政府は支えきれなくなり、だからと言ってただ給付をやめれば、餓死者がたくさんでるかもしれない。これから十年後、二十年後に、切り捨てられた氷河期世代が不安定に歳を取れば、社会はさらに疲弊して生産力を弱める一方で、社会保障費の負担ばかりが増大し、社会全体として傷を深めることになるだろう。

苦しいサイクルから抜け出せなくなった人たちの間で絶望感が広がれば、自らの命を絶ったり、どこかで無惨に野たれ死んだりすることで自己を犠牲にする人や、精神世界や疑似的社会に歪《ゆが》んだ形で傾倒し救いを求める人々や、社会への不満と反感を極端な暴力によって表現する人たちが大量発生するかもしれない。日本ではこの先、自殺者がさらに増え、暴動やテロが頻発する可能性がある。

実際、私たちに残された時間はもうない。嘆いたりダメだしをしたりしている余裕もない。私たちがやるべきことは、生活保護者や低所得者を増やすことでもなければ、切り捨てることでも、意味もなくただ助けることでもない。そういった層の人々を、より健全な納税者へと生まれ変わらせていくための具体的な対策を打つ以外に、日本の地盤沈下は食い止められない。

社会のシステムを作り直し、社会全体として人を拾い上げつなぎとめる努力をしなければ、この国の衰退は加速し、十年後に、私たちは取り返しのつかない惨状を目の当たりにすることになるだろう。

第三章

国会議事堂前

二

いざインタビューの仕事を始めてみると、数多くいる政治家について、私はほとんど何も知らないばかりか、彼らについての情報をどうやって探せばいいのかすらよくわからないことに気が付いた。

私は政治家の公式ホームページを閲覧し、プロフィールや政策理念、活動内容などをチェックした。そこから得られる政治家像は、みんな明るくて情熱的で、画一的にいい人だった。

まったり

次のインタビューは、当選二回、四十代半ばの民主党の男性議員だった。ホームページの内容を見る限り、彼は地域の声に耳を傾ける現場主義の政治家で、世界中を歩いた経験を持つ地球的視野を持った国際派ということだった。政策レポートの欄には、十の約束が掲げられていて、私はそれらをノートにメモした。ムダ遣いをやめ、社会福祉に力を入れ、子ども手当を支給し、格差拡大をストップさせ、農家を補償し、高速道路を無料化し……。私は、ノートとヴォイスレコーダーの入ったカバンを肩に掛け「国会議事堂前」で電車を降りた。

もともとサラリーマンになるつもりだった彼が政治の道へ進むことになったのは、大学時代の海外経験にあるとホームページには書いてあった。それもあるんだけど、と彼は話しはじめた。

「札幌で北大なんか行ってると、お山の大将みたいなところがあって。みんなで酒飲んでサークルやって楽しく暮らしてたんだけど、ピースボートって船に乗って、要は東京の大学生にたくさん会ったんですよ。早稲田とか慶応とか東大の、政治意識がすごく高い人たちと会って触発されましたね。でも、全然そのときはまだ政治家になるとは思っていなくて。やっぱり松下政経塾のポスター見て、一次面接に受かるまでは自分のなかでリアリティはなかった」

そんなふうにして、彼は政治の世界へ入った。私は、ノートに書き留《と》めてきた十の約束について質問することにして、その内容から受けた印象として、彼が内政を重視している点から話を切り出した。

「いや、違うんです！　本当は、僕は外交とかやりたいんです」

「でもこれを見ると、一つもそういうのが書かれていなくて……」

「それはもう選挙向けだから。選挙に勝つためには、あそこは一番受けそうな、みんなが欲しいと思っていることを書くんです。党の情報だからね」

彼は、ただ書いていないだけで、外交・安全保障などにも強い思いがあるのだと言い、ただ、と言葉を続けた。

「外交・安全保障というのは、一般の人が興味ないから」

「そうなんですか？」

「難しいし、党のなかでも意見が分かれてるから、選挙のときに書くのはいいとは思わなかったんだよね。ほかにも、思いはあるけど書かないことがあるってことですよ。スペースがない。ビラ作るんでも、十ポイントでも多い」

「選挙対策ということで、特に国民が一番反応するのがこの十項だということですけれども、もしかしたらもっとみんな、ここには書かれていない経済のことを心配しているんじゃないでしょうか？」

「ただ経済のことを言うと、景気なんかすぐよくなるわけないと思ってるんですよ。

そういうこと言うヤツがインチキだと思う」

彼は自分自身のことを、経済のことはあまり語らないほうだと言いつつ、内需を活性化するためにも社会保障を充実させ、みんながお金を使う気になれるような社会を作りたいと語った。特に、日本も成熟社会を迎えた国として、同じように経済成長が止まったヨーロッパ諸国、ドイツやオランダのような暮らしを目指すべきだという話だった。ただし、社会保障を充実させるために必要な財源の話になると、彼の発言は歯切れが悪くなった。

私は、この二十年あまり、日本の経済はずっとダメになってきているものと勝手に思い込んでいた。先輩たちが直面した就職氷河期や、同年代の人たちの所得の低さがそんな印象を与えてきた。私は、人口もこれから減っていき、さらにダメになっていくのではないか、と言った。

「ダメになるんじゃなくて、まったり生きるわけですよ」

「まったり?」

「オランダみたいに」

日本の経済が落ちてきているように見えるのは、ほかの新興国の追い上げによる錯覚であって、もともと実力も勤勉性もある日本人なら、頑張《がんば》りさえすれば問題はない。ここ十年くらいはたまたま景気がよくなかったのだ。そういった趣旨のことを、彼はとてもわかりにくく説明した。

インタビューが三十分を経過したところで、何か日本の若い世代に向けてメッセージはありますか？　と私は訊《き》いた。

「若い人ね。いやもう政治にはできるだけ関心を持って、選挙に行ってほしいなと思いますね」

私は、経済の話ばかりしたいわけではないのですが、と前置きをして、彼にもう一度だけ確認することにした。

「若い人たちが、これから日本社会を支えていくと思いますが、まあ、若い人たちも大丈夫だ、と。日本は、頭もいいし、勤勉だし、そんなには衰退していかないというところに立っているということですよね」

「うん。自信持とうよ。楽観的に行こうよ、と思うよね」

それから彼はもう一度、若い人たちへのメッセージを繰り返した。

「『投票に行って』とかいう安直なこと言うんじゃなくて、民主党を応援してってって言いたいいね。今の日本において、俺《おれ》たちがやってること絶対自信があるから。いい方向出してるし頑張ってるから、応援してほしいって思うんだよね」

ある夏の夜、私は大手電機メーカーに勤める友人と電話で話をしていた。同年代のエンジニアの友人は、長い電話の最後のほうで、最近の政治についてこんなことを言った。

「政治主導って言うけど、そんなの無理だと思う。だって、官僚って基本的に頭のいい人たちがなっているわけだから、政治家にはコントロールできないよ。賢い人とそうでない人がいたら、普通は賢い人が主導権を握《にぎ》るでしょう。どう考えても」

私は電話口で、う～ん、と唸《うな》った――説得力がありすぎる。

頑張り屋さん

三十代半ばにして、すでに当選三回。少子化対策や男女共同参画の分野に強く、政務官も務める民主党の若手議員にインタビューした。バブル崩壊後に社会に出た世代として、彼ならきっと、若い世代が感じてきた経済や雇用面での厳しさを共有してくれている気がした。何よりもホームページを見る限り、草の根的な活動を経て政界へ入った彼には、高い志と情熱があるような印象を受けた。私は、彼の移動の合い間の時間を狙《ねら》って、土曜日の丸ノ内へヴォイスレコーダーとメモ帳を持って出かけた。

国民生活の安心安全を信条に掲げ、彼は、先が見えない不安な社会について、こんなふうに語った。

「みなさん他人のことは考えずに自分の生活を守ることで精いっぱいで、だれかが隣で苦しんでいても、お互い助け合わない社会になっている。個人の問題として自己責任で解決をしてくださいという時代になった。そこで、貧困に陥り、そこから脱却できなくなってしまった人が増えた。富が固定化する状況になってきている」

貧困に陥った人たちが、社会の底辺から再びはい上がってこられるようにするには、どこをどう改善すればよいのか、と私は訊《たず》ねた。

「何と比べるかにもよりますが、日本って世界の国に比べれば、そう悪くない国のはずだと思います。日本人は悲観的」

彼は流れるような口調で話を進めた。弁論大会での華々しい入賞歴を持っていることは、その安定した語り口からも納得がいった。けれど率直なところ私は、そのよく整ったスピーチのなかにある意図を摑《つか》み損ねていた——彼は、一体何を伝えたいのだろうか、と。

「僕は、日本は恵まれていると思っていて、それぞれの人が、政府が何をしてくれるかではなく、自分に何ができるかをもっと考えれば、できることっていっぱいあるはず。自分たちが世界のなかでどういう位置に置かれているか、自分はこれだけ恵まれたところにいるんだということを認識しながら、じゃあ僕って世界に何ができるんだろう、世界のなかで何ができるんだろうっていうワールドワイドな観点でね、思いを馳《は》せれば、想像力を高めれば、もっと個人の意欲が上がっていく気がします。政府にできることというのは、その都度全力でやっているという気もする。はたしてそれで、不幸な生活をしている人たちの生活が幸福なものになるかというと、そうはならない気がする。政府は個々人に焦点を当てて幸せにすることはできない。世のなか全体の仕組みを作ったりはできるかもしれないけれど」

「では、今ある仕組みのなかであまりにも人々を不幸にしているというものがあって、これだけは国会議員である以上変えたいというものはないのですか？」

「そんなものは、日々やっているという感じ。一つ一つの案件で、目の前で僕にお願いしてきた人の願いをかなえることは日々起こっていること。でもそれは新聞にも、何にも載らない話です」

それから彼は、政治家の仕事をこう定義した。特定の問題を解決することではなく、問題を解決するために努力し続けること。

「僕にとって大事なのは、僕が掲げるビジョンではなく、皆さんの生活であり皆さんの幸せであるはずだと思う。政治家がビジョンを掲げて突き進んでいくことが素晴らしいとは思っていない」

彼は、自身の政治家としてのビジョンはない、と言った。めずらしい発言だった。けれど、私は一つ思いついて聞き返した。

「ただ、国民の目から見て、政治家がどういう方向に進みたいのかがわからないというのは、選挙のときに非常に困るんですけどね」

何を基準にして投票先を決めればいいのかがわからないからだ。

「国民が求めるのは、ビジョンというよりは、国民の願いをコツコツでもかなえてくれる信頼のおける人です。国民は、ビジョンがないから不信や不満があるのではなく、これまでの政治家が、言ったことを必ずしもやってこなかったことに不満がある。だから僕は、国民に信頼されるだけの行動を取り続けることが大事なんじゃないかと思います」

私は、だれかに伝える価値のある言葉をどうにかして拾い上げ、持ち帰ろうと躍起になっていた。説得力のある具体的な計画や、私たちが向かうべき未来社会のイメージを政治家の言葉のなかから摑《つか》み取りたかった。けれど、インタビューの予定時間が半分を過ぎても、成果と呼べるようなものは、まだ何も得られていなかった。

教育について話しているときに、彼は理想のようなものを確かに語った。学歴偏重主義ではなく、中卒でも働きたい人は働き、高卒で農業や漁業をやっても評価される社会。高い学歴をつけることより、人間としてどういうキャリアを積むかということに重点を置いて価値を認めていける社会を目指したいと言った。それは一つの理想としては正しく、けれど問題は、理想だけでは現実はどうにもならないという点だった。彼自身は中卒でも農家でもなく、自分の子どもに中卒で働くことを勧めたりはしないだろう。

　中卒で経済的に恵まれた生活を送ることは現状では難しく、せっかく道を決めても、農業や漁業が儲《もう》からなければ職業への評価は上がらない。私がそう指摘すると、彼は、儲かる仕事なんてあるのかって話なんですよ、と切り返してきた。

「みんな高望みして、この仕事はワーキングプアだとか言うんだけれども、じゃあどこに行ったらそんなパラダイスみたいな仕事があるのっていうことを考えてほしい。正社員でも大変だし、みんな他人を見て自分が幸せかどうかを決めすぎています」

　確かに彼の現状分析は正解に近いものだった。儲かる仕事は、ないわけではないものの、事実、数がとても限られている。二〇〇七年の総務省就業構造基本調査によれば、二十五歳から三十四歳までの就労者の五〇パーセントが年収二百九十九万円以下で暮らしていて、年収が四百万円以上の人となるとわずか二六パーセント、四人に一人くらいしかいない。そんな厳しい状況のなかで、たとえば四百五十万円もの年収をもらおうとするのはきっと高望みに違いない。けれどそのことについて、年間三千万円以上を国からもらっている「国会議員」という職業に就いている人に言及されると、やはり違和感があった。

「僕は国民でしかないんですよ。でも政治家として、人よりも働こうと思うし、人よりもよい環境を目指そうという意欲は強いと思う。座右の銘はお客様第一主義です。顧客である国民の皆さんに対して、ほかの政治家よりもよい生活を提供していくのが僕の責任です」

そして彼は、日本人は幸福をもっと感じられるはずだ、と言った。

「人間が肯定的でいることで新しいパワーが出てくる。心持ちが前向きであることで、活力が上がってくるんですよ。否定的で後ろ向きな人たちには、なかなかパワーは出てこないと思います。自分に照らし合わせても、心のありようを変える努力は大事なことです」

どこかの啓発セミナーであれば、心に不具合を抱えた一部の人々が喜んで耳を傾けそうな内容だった。受講者たちは色とりどりのペンを取り出し、一言一句逃すことなくノートに書き留めようとするかもしれない。私のメモ帳は、空白のままだった。

「僕も国民、国民はいつだって政治家になれるし、政治家は国民。だから対立構造はない。今まで政治が何もやってこなかったというのは、国民のグチでしかない。それを言っていたら、いつまでたっても満足はしない。そもそも満足って何なんだっていうと、それは自分自身が政治に関《かか》わることでしかないんですよ。だから全員が当事者のつもりで、みんなで日本を変える。僕は自分が偉くないと思っているから、堂々とみんなと同じだと思っているから、だからこれが言えるんです」

ある秋の夜、私はＩＴ企業に勤める友人と、キッチンで食後のお茶を飲んでいた。仮に、私が彼女の勤め先へ面接に行ったとして、と話を切り出した。
「私はほかの人よりも頑張って働こうと思うし、この会社をいい会社にしたいという意欲が他の人よりも強いです、って自分を売り込んだとしたら、内定ってもらえると思う？」
彼女は一瞬沈黙し、それから訝《いぶか》しげに私のほうを向くと、無理、と言った。

私は、国会議員が載ったリストをチェックした。できれば若くて面白い議員を見つけ出し、そんな政治家がいることを世のなかに紹介したいと思っていた。私は、当初予定していた民主党だけでなく、自民党、みんなの党へと、取材範囲を拡大することにした。みんなの党はまだできたばかりで、衆議院議員は四人しかいなかった。自民党には若い議員がほとんどいない上に、世襲議員を外すと、ほぼみんなリストから消えてしまった。

当選三回。民主党期待の若手議員を取材できることになった。彼は、私と歳《とし》が三つしか違わない、まさに同世代の政治家だった。二十代で脱サラし、政界に飛び込んでいった彼の情熱が、いったいどこから来ているのか、現代社会の問題や近未来の日本が、彼にはどのように見えているのかを突き止めるために、私はまた「国会議事堂前」で電車を降りた。

子どものころに描いた将来の夢が、ショートケーキになることだった彼は、学生時代を通して政治家を意識したことはまったくなかった、と語りはじめた。

「ご存じだと思いますが、うちの父親が政治をやっていたので、それを見てあんな仕事だけはやりたくないと思っていました」

彼の父親が政治家だったとは知らなかった。私が情報を見落としていたのかもしれない。

「お父さんには、政治家になったらどうだ、と小さいころに言われていたのですか？」

「言われていないです。うちの父親自身も民間の企業をやっていて、ものの十数年前に市長になったことがきっかけなので、父親も息子に対してはむしろ会社勤めを勧めていました。まあ結論として僕が出ることになりましたけど」

彼は、もともと政治に対して否定的な考えを持っていたものの、市議会議員を目指すと言い出した先輩の言葉に触発されて、政治の世界へ入ることになった。

「政治なんて、こういうところもダメだし民間のほうがいいですよ、と先輩を説き伏せようとしたら、そんなに文句があるのになぜお前はやらないのか、と言われてカチンときて、それで政治をやることになりました」

「政治のどこがダメだったんですか？」

「政治家になったら、それは堅苦しい立場になって、自分のことが正当に評価されずに非難だって受けるだろうと父を見て思ってました。周りには職業政治家しかいないし、選挙のことだけ考えてやっている。選挙ではお酌をしないと怒られたり、頭下げなきゃいけなかったりとか、みんなの世のなかのことなのに、有権者は政治家を蔑《さげす》んでいる。だから政治なんてやっても意味がないということは、ネガティブな話としてしましたよね」

「そのネガティブなものをよくするというのは、具体的に言うとどういう行動を起こすことなんですか？　選挙でお酌をしないとか、そういうことじゃなくて……、何か政策的にとか、方針として」

「一個の政策をもって何かやれるということじゃないと思うんですよ。真面目《まじめ》にやる人間を増やすということ。僕自身はそういう点には自負を持っています。おかしいな、と思ったから政治家になってそれを変えたいと思います。疑問を感じた人間が、その疑問を解消するために一生懸命頑張る、という真っ当な職業意識を持った人を増やすことだと僕は思います」

「それは政治の世界に入ってから、不正をせず与えられたことを真面目にやっていくということですか？　それとも、これまでの政治の〝中身〟、選挙以外のことで、政治の中身、政策、方針、で疑問に感じているものがあって、自分が入っていけば変えられるという、そういう気持ちで入られたんですか？」

「今言われたことに、僕はたいした差異を感じていなくて、おかしいな、と思うことを変えてゆくことを頑張ればいい話だと思うんですよ。それが、今お話しされたことと何が違うのか、よくわかりません」

私もよくわからなくなってきた。彼が真面目で一生懸命であることは理解できたものの、政治家として何を問題視しているのか、それをどう解決したいのかがわかりにくかった。そこで私は、政治家になる前に彼が〝おかしいな〟と思っていて、一番変えたかったことについて訊《たず》ねた。

「政策的にはいろいろありますが、まともな人間が選挙に出て、政治家になるというリクルートの在り方に変えたいと思いました」

「選挙の在り方ですか？」

「ブレイクダウンするとそういうことになりますが、政治に対しておかしいと思ったら、その人が手を挙げて入っていけるように、敷居を低くしたいと思いました」

私は、取材を申し込んだ政治家に対して、それぞれの専門分野や、政治家としてやりたいことを訊《き》くことにしていた。なかには、自治省（現総務省に統合）から政治家になり、地方分権を実現したいと語った政治家がいたし、「開かれた司法」への一連の流れに危機感を持ち、立法する目的で検察官から転身した政治家もいた。独立行政法人に勤務中に行政機関の非効率を目の当たりにして、だからこそ行政の仕組みを変えたい、とある政治家は言い、自らが薬害の被害にあった経験から、薬害への対策法案を通すために政界へ入った人もいた。彼ら（彼女たち）が政治家になったあと、目的が達成できる場合もできない場合もあるだろう。けれど少なくともそれらの政治家には、問題意識と目的、方向性や計画があった。その点では、彼の立ち位置はわかりにくかった。一つはっきりしていたことは、彼が私に対して腹を立てているということだった。彼はどんどん早口になった。

「何がやりたいんですか！　と言われると、さまざまなことをよくして、少しでもいい生活、安心できるような生活ができる世のなかにしたいなと思っています」

「少しでもよい生活というのは、国民目線で考えて……」

「国民目線？」

彼は上から言葉をかぶせ、いらだちを露《あらわ》にしながら、どういうことですか、それ、と言った。

「じゃなくてもいいですけれども、○○さんの目線で結構ですけれども、よい生活というのは、たとえばどんなものですか？」

「言葉で表すとすれば、少しでも不幸がなくなる生活だと思います」

私は、いくつかのポイントと質問事項が書かれたノートに目をやった。何を質問しても、もう確かな回答は得られない気がした。それと同時に、彼はおそらく永田町で出世していくだろうと感じた。私は、お父様のことですけれども、と、話題を変えた。

「政治家とおっしゃっていましたが、最初は市長になられたんですか？」

「市長をやられて、知事をやって、辞めます」

「何年ぐらい市長をされていたんですか？」

「市長は六年じゃないですかね」

「知事は何年ですか？」

「十二年やりました」

「今はもう引退されて……」

「引退されています。引退しています」

時計を見ると、インタビューを始めてからまだ二十分しか経《た》っていなかった。私は、あと四十分のインタビュー時間を残して席を立ち、議員会館を後にした。

帰りの中央線快速のなかで携帯電話が鳴った。担当編集者からの電話だった。私はプラットフォームに飛び出し、受話器を耳に当てた。お疲れ様です、取材大丈夫でしたか？　と彼は言った。

「今、○○議員の秘書から僕のほうに電話があって、実名は出さないでほしい、とのことでした」

電車のドアが閉まり、私は受話器を持っていないほうの手で左の耳を押さえた。走り出した電車の騒音で会話の一部がかき消された。

第四章

バイバイ

夕暮れどき、私はフィットネスクラブの浴室で髪を洗っていた。プラスチックの椅《い》子《す》に座って、隣の席のおばちゃんといつものようにおしゃべりをしていた。いつも元気なおばちゃんは、親戚《しんせき》にさぁ、農業やってる人がいるんだけど、自民党のときは補助金がもらえたからよかったんだけど政権が変わっちゃったからさぁ、と話しはじめた。私は、民主党になってからも農家戸別所得補償制度があるのでお金はもらえるはずだ、と言った。

「えっ？　何それ。何ていう制度だって言った？」

「こべつ、しょとく、ほしょう、せいど」

「それ、お金もらえるの？」

私は、自民党でも民主党でもお金はちゃんともらえるはずだと言ったついでに、農家を含むあらゆる種類の補助金制度を維持し、国家を運営するために、日本はどのくらい借金をしているか知っていますか、と彼女に訊《き》いた。

「う〜ん、いっぱい？　億？　どのくらい、十億とかもっと？」

今年だけで四十兆円、と答え、私はシャンプーの泡をシャワーで流した。

アロマとムダ

二〇〇六年春、私は派遣会社を通じた単発の仕事で、ある独立行政法人へテレアポのスタッフとして送り込まれた。四、五日間の仕事だったと記憶している。都内のビルの一室に机と椅子が置かれていて、電話が五台と紙の束があった。派遣社員五人はそれぞれの席へ着くと、自己紹介することもなくすぐに業務に取りかかった。内容は、リストアップされた民間企業へ順番に電話をかけていき、独立行政法人が主催する展示会の案内をして、興味を持った企業から住所を聞き出し、案内状とパンフレットを送付するというものだった。私たちは受話器を耳へ当てると、長い枕詞《まくらことば》をつけてから東南アジアのアロマオイルを扱った展示会の案内をした。すると、電話に出た担当者たちの大半は、怒りを込めて私に訊いた。

「あんた、うちが何やってる会社か知ってんの!」

え〜っと、存じ上げておりません、と私は言った。

「うちはねぇ、機械の部品作ってるんだ。なんであんたとこのオイルかアロマか知らんが、そんなもんに行くんだよ。こっちだって忙しいんだからね、いい加減にしてくれ!」

こんなふうにして私たちは、デタラメのリストを元にして、あてずっぽうにダイヤルし続けた。私は二日間電話をかけて数社の住所を聞き出した。そのうちの一社は、どこか地方の手作り家具の工房だった。地方訛《なま》りの職人は、あ〜ありがたいですね〜、うちにもパンフレット送ってもらえるんですか〜じゃあ一つお願いしたいですね〜、と純粋無垢《むく》な声で住所を告げた。

独立行政法人の事務員の女性は、親切で気の利く人だった。彼女は私たち派遣社員のために、一日に何度もお茶を入れ、休みながらやってくださいい、とやさしく声をかけてくれた。けれど、あるとき私たちは、あの〜、と彼女に言ってしまった。

「この電話ですが、かけても意味がないと思います……」

事務員は困った顔をして、実は私も同感です、と打ち明けた。確かに意味はないが上司の意向なので仕方がない。彼女はそう説明し、みなさん大変だと思いますが頑張《がんば》ってくださいと頭を下げてから、部屋の外へ出ていった。私たち女五人は、テーブル越しに顔を見合わせた――これほど楽なテレアポの仕事は民間企業ではありえない。
期間内に業務が終わらなければ、日数の延長まで可能だった。私たちはできるだけダラダラ過ごし、たくさん休憩するようにした。旅行やグルメやエッチな話に時間の多くを費やした。そしてときどき、思い立ったように受話器を取り上げ、どこかの不運な民間企業へ迷惑電話を一本かけた。そして最終日が来ると、大量に余ったパンフレットを、アロマティックな社名の会社へ適当に送りつけ業務を終えた。私は給料として、ムダになった税金をありがたく受け取り、この手の独立行政法人が早急に解体されることを願った――あの親切な事務員の女性なら、きっと別の民間企業でもっと真っ当な仕事を成し遂げられると信じながら。

山内康一《やまうちこういち》議員　みんなの党

「せっかく能力も高くてやる気もある若者を、みんなダメにしていくこの行政の仕組み、どこかおかしいんじゃないかと」

山内さんはよどみなく話す人だった。それでいて無駄な言葉を挟まない。どんな質問をしようとも、彼の口からは明確な考えが間髪《かんはつ》を入《い》れず出てきた。非効率を最も嫌い、目標への最短距離を行く人――話し方も考え方も、そして生き方さえも。

山内さんは、一九七三年に福岡の兼業農家に生まれた。高校時代に途上国援助の仕事にあこがれ、ICU（国際基督教大学）に進んだ。そして、在学中にフィリピンの大学で一般留学生として一年学び、卒業後はJICA（国際協力機構）に入るという、国際協力を志す人間としては極めて真っ当な道を歩んだ。

「ODA（政府開発援助）のダメな部分を変えたいという情熱があって、そのためにはなかへ入ったほうがいいと思ったんですね。だけどなかへ入ったら、これはもう無理だと」

効率が悪く、矛盾だらけの官僚的な機構に不適合を起こした山内さんは、JICAを辞めて途上国援助のNGO（非政府組織）へ移った。

「JICAの場合、細かい会計規定も外務省が決めていたりして、たとえば年度末にお金が余ったからって無理やり学校を建ててしまったりする。余ったお金は国庫に戻すのが一番いいのに、それができない」

働いている人たちは何も悪気があってそんなことをやっているわけではない。ただ行政の仕組みが間違っているために、そのルールのなかで最適な解を出そうとするとそうなってしまうのだ、と。

「大学を出たばかりでJICAに入る人は、みんな理想に燃える真面目《まじめ》な人です。途上国へ援助に行って貧困を解決するために何かやりたいという熱い思いを持っている。それが、官僚機構のなかでなんとなく過ごしているうちに、ランドクルーザーに乗って、相手国のエリートや役人とばかり付き合うようになり、セミ外交官みたいな立場になって、だんだん変わっていくんですよね。中央省庁のキャリア官僚もそうですよね。僕と同世代の官僚って、結構真面目な人が多いんですよ。カネが欲しかったら外資系に行っている世代。マッキンゼーとかメリルリンチに行けばもっとカネを稼げるのに、あえて公務員になっている三十代というのは、自分たちの時代は絶対に天下りなんてないと思っているような真面目な人が多い。だけど、だんだん変わっていくんですよね。体制重視になっていく」

行政の仕組みを変えたい。だけど行政は内部からは変われない。だから、政治家として行政を変える道を彼は選んだ。

山内さんが政治の道へ進むことになったもう一つの直接的な理由は、NGO時代のロビー活動にあった。議員会館を回り、やっと会ってもらえた国会議員に五分で問題を説明して動いてもらう。そんなやり方で、外務省や法務省を変える活動をしてきた。

「だけど人にやってもらうより、もう自分でやったほうが早いと思って。国会議員になるのも一つの手だなと」

山内さんは、政治とNGOという二つの領域の間にはあまり壁を感じなかった、と言った。アジアの国々では、NGO経験のある政治家が数多く活躍している。彼らは学生運動からNGOへ入り、高い政治意識を持ったまま大人になり、大臣になって自分たちの国を動かしている。社会運動をしている人が政治に関《かか》わっていくこと。それが当たり前という認識が、山内さんにはあった。

「最初から政治家になりたいっていうのは、僕は邪道だと思います。大卒で政経塾行って国を動かしたいとか、議員目指して秘書から始めてというように、政治家になることが目的になっている人が、永田町にはたくさんいる感じがします。『世間を知ってから言えよ』って思いますね。問題を解決したい。そのためには政治家っていうオプションも一つにはあります、というほうが健全です」

「民間でもできることはたくさんあるわけで……」

「そうそう、だからNPO（非営利組織）に行ってもいいし、学者やメディアになって問題を追及する方法もある。僕は人生のある時期にはNGOで問題解決に努力して、ある時期は政治家でもいいし、いろんなアプローチがあっていいと思う。それで、たまたま今僕は政治家としてやっているわけです」

小《お》川淳也《がわじゅんや》議員　民主党

「僕は、政治家なんて絶対にやりたくないと思っていました。人前でマイクを持ったり、街なかで騒いだり、ああいう恥ずかしいことは絶対にやりたくない、と」

小川さんは淡々と語る人だった。愛想笑いはなく、理路整然としているのに、人を突き放すような冷たさは一切感じさせない独特の雰囲気があった。彼のシンプルな言葉のなかには、相手を説き伏せる情熱よりも、人をいつの間にか納得させてしまう真っ直ぐな一本の筋がある、そんな気がした。

小川さんは一九七一年に香川県で生まれ、パーマ屋さんの家庭に育った。商売人の両親が若き日の小川さんに期待したことは「立派な官僚」になることだった。

日本の政治家は愚かでバカだ。でも官僚は立派だ。だからお前は、ああいう愚かな政治家に一切影響されない立派な官僚になれ、と言われて育ち自治省に入った。けれど、官僚としての勤務が十年近く経《た》ったころ、父親の話していたことに対して疑いを持つようになった、と小川さんは言った。

「政治家が愚かなのは確かです。だけど官僚が立派かというと、官僚は官僚で、天下りだの無駄遣いだの、好き放題やっているじゃないかと。そうなると一体だれがこの日本で、本当に国や国民生活の将来を考えているのか。かじ取りをしている人がどこにいるのかと、すごく疑問に思うようになった。政治家は愚かでバカだと思っていたけれど、そう思っていること自体間違っているんじゃないかと思うようになったんですね」

選挙に行く人、行かない人も含めて、愚かな政治家を選び続けてきたのは私たち国民だった。自分たちで選んだ政治家を嘲《わら》っている私たちは、政治家と等しくバカだった。そしてその被害は、結局はすべて自分たちのところへとはね返ってくる。そこで小川さんは、政治家をバカにする側から政治をなんとかする側へ回ることを決意した。

「僕は、人間って真面目で、どんな人も一生懸命生きていると思っているんですよ。だから、愚かな政治家と好き勝手やる官僚組織の下でもやってこられた時代があったんだと思うようになった。人口が増え、経済成長がずっと右肩上がりの時代は、そんなに経営判断しなくても、みんなが恩恵に浴することができた。一億総中流。そこで大事なのは、昨日までやったことを今日もやって、今日やったことをまた明日もやること。継続であり、慣性であり、惰性であり。そういう時代なら、好き勝手やる官僚と経営能力を持たない政治家でもなんとかやってこられた」

けれどそんな時代は二十年前に終わってしまった。経済成長は終わり、今や人口はついに減りはじめ、政治は迷走を続けた。時代の変化と正面から向き合うことができないまま、ただ時間ばかりが流れた。

二十年。

現実から目を背《そむ》ければ背けるほど、国は閉塞感《へいそく》を強め、その間にたくさんのものを失っていった。

「経営能力と判断力を持った政治家が国家経営機能を担う時代が来ないと、とてもこの国はやっていけない。それで、当時チンドン屋みたいな人たちだと思っていた政治家を、もうやるしかない、と」

こんなふうにして、小川さんは政治の世界へ足を踏み入れた。

「要するに環境と時代が変わったのだと。根本的な意識がそこにあるので、政治家として、僕はやりたいことが明快です」

経営者

私は、学生時代に経済学を勉強しなかった。社会に出てからもやはり、経済や会計や経営について、一度も勉強しなかった。けれど一方で、自分の財布の中身や預金通帳の残高をいつも気にして生きてきた。千円しか財布に入っていないときは、レジに行く前にカゴのなかをチェックして、商品の合計金額が絶対に千円を超えないように気をつけてきたし、どんなことがあっても通帳の残高がマイナスにならないようにしてきた。収入が少なければ節約したり、もっと収入を増やすために儲《もう》かる仕事を探したりした。収入が増えればもう少し出費して生活を楽しみ、将来の儲けにつながるような経験や勉強に投資したりした。いつもお財布とにらめっこしながら、通帳の残高がどうなっていくかをイメージしながら生きてきた——要するに普通の人がやっているのと同じことをしながら。

現在、日本には九百兆円近くの借金がある。税収は減っているにもかかわらず、支出を増やし続け、借金に借金を重ねてきた。それは一般の常識からすると、とんでもなく非常識なことであるにもかかわらず、やっぱり二〇一〇年度も四十兆円を超える赤字を出して、もちろんこれからも借金を止める気配などまったくない。

もしもこれが一般の家庭だったら一家はずっと昔に死滅しているし、一般企業であればとっくの昔に破綻《はたん》している。

経済成長が終わり、グローバルな競争のなかで、今、どの会社も生き延びるために必死になって現状を分析し、未来を予測し、知恵を絞ってビジョンを練り上げ、経営方針や戦略を徹底させるために努力している。経営者が世のなかの流れを読み切れず、明確なビジョンが打ち出せないブレた会社は、すでに倒産しているか、いずれにせよ傾いていく。

新興国の追い上げが著しく、デジタル化が進んだ現代では、経営者たちは変化への迅速な対応とスピード感のある決断を求められている。経営者たちはきっと頑張り屋さんに違いないが、それ以上に時代を読む嗅覚《きゅうかく》に優れ、危機管理能力と判断力と行動力を兼ね備え、そして何よりも当たり前のこととして、重い責任を背負って仕事をしている。業績が上がらず、不本意にも社長の座を退《しりぞ》いた企業のトップが、次から次へといつまでも会社に居座って、大きな顔をし続けたりはしない。

そして極めて常識的なこととして、ずっと赤字の会社は、合併や業態転換や大幅なリストラでもしない限り存続できない。

もし小川さんが言う通り、政治家が国家経営をやらなければ、とてもこの国はやっていけないのなら、一般企業がやっているような普通のことを政治家も真似《まね》してみるといいかもしれない。

まずは赤字を食い止める。次に、ビジョンのない人や明確な行動計画がない人、官僚に協力してもらえるだけの経験や知識、特定分野への特別な熱意がない政治家には永田町から速やかに去ってもらう。教育、外交、経済、子育て、雇用、医療、それ以外の個別の問題、どれをとっても、切実な体験や経験に基づく明確な考え方を持っているか、または極めて専門的に勉強してきた人でなければ、どんなに頑張り屋さんで真面目な人だったとしても、それだけでは問題を的確に解決したり、最適なシステムを作り上げることはできない。縦割りで仕事をもらって真面目に働く時代は終わった。たとえ平社員でも自ら考えて行動を起こすべき時代には、より多くの決定権を持つ経営サイドに立つ人間は、それこそ責任能力のあるやり手でなければいけない。

七二二人もの大人数で、一生懸命頑張って右往左往しているだけでは国家経営はできない。一般企業と同じように、国会議員もリストラし、少数精鋭で戦えるようスリム化し、スピードアップを図らないと、これからの時代は生き抜けないだろう。そして何より、ふがいなくトップの座を退いた人々は、元総理大臣たちの寄り合いをただちに解散し、責任を取って永田町を去り、残りの国会議員と国民に対して、最低限の示しをつけなければいけない。

積極的×

小川さんは、経済に関する話の中で、こんなことを言った。

「できるだけ取り除くものは取り除き、しかし補うものは補いつつ、そして、捨てなくてはいけないものは捨てる。そういう覚悟をもって新しい時代に突き進まないと、もう日本に残された時間はそんなにないというのが、僕自身の判断というか、思いです」

山内さんは、今の行政の仕組みでは、能力のある若者がダメになっていくと言った。

　ある政治家は、日本はダメになっていなくて、もっと楽観的にまったりやっていけばいいと言った。あるいは別の政治家は、心を明るく保とうと呼びかけた。日本の財政が危機的状況にあると言う人もいれば、政府の借金はそれほど問題ではないと言う人もいた。そして結局私には、どっちが本当なのかはわからない。

　私は毎日ご飯を食べて生きているし、周りの人たちだって、貧乏人もいるけれど、ほとんどの人たちはなんとか暮らしている。有権者たちは、政治をバカにしたり無視したり、適当に文句を言いながら時間稼ぎをしておけば生きてこられた。メディアは政治家と一緒にクラブのなかにすっぽりと入り込んだまま、問題の核心に触れない範囲で、政治家をいい痛きもちよく批判していれば、ずっと同じ文脈でやってこられたし、経済評論家たちも、もうダメだ、と言ったり、まだまだ大丈夫だ、と言ったりしながら時間さえつぶしていればやってこられた。独立行政法人だって、アロマオイルの宣伝をして、お茶を飲んだり休んだりしながら予算さえ最後に使いきれば、従業員たちの給料はちゃんと保障されてきた。今もそうやっているのだし、案外これからも何の問題もなくず〜っとこのまま、自信を持ってごまかしながら、ダラダラズルズルやっていけるのかもしれない。

　あるいは、日本はどん底まで落ちるのかもしれない。これから五年、十年の間に、大手や準大手級の企業がいくつかバタバタッと倒れたり、合併したり、外資系企業に買収されたり、海外移転を余儀なくされたり、大リストラを迫られたりして、その下請けの中小企業や、景気悪化に耐えられなくなった小売業者が、ポロポロポロポロと歯止めなく倒産したりして、日本中が混乱に陥り、もしかしたら日本はあっけなく破綻するかもしれない。そう言いつつも私は、国家が財政破綻するとどんなことが起きるのか、まったくイメージできていない。

国の未来がどうなるか、私にはもちろんわからない。けれど一方で、日本人女性の平均寿命をまっとうした場合、私には、あと五十五年の人生が残されていることだけははっきりしている。そこで私は、最悪の事態を想定しながら、いかに自分の身を守るかということを常に考えて生きていかなければいけない。手段は大きく分けて二つある。一つは、どん底まで落ちないように、国家を経営できる人材を政界へ送り込むこと。そしてもう一つは、結果として政治が国家経営に失敗し国が没落してしまったときに備えて、個人として逃げ道を確保しておくこと。

結果として私は、若手有望株と言われる政治家を中心とした十八人にインタビューした。性別、当選回数、世襲かそうでないかに関係なく、いろいろな人に会いに行った。そしてインタビューをしているうちに、だれがどの政党の人なのかだんだんわからなくなっていった。民主党の議員は「頑張った人が報われる社会にしたい」と言い、自民党の議員も同じことを言った。自民党の議員が「規制緩和が必要」と言えば、みんなの党の議員もそう言った。みんなの党の議員が「大量消費、大量廃棄の文化を改め、分権型の社会を作る」と言えば、民主党の議員もまったく同じことを主張する。民主党の議員は「国を開いて、よりアグレッシブな貿易展開」を目指し、自民党の議員は「ＥＰＡ（経済連携協定）、ＴＰＰ（環太平洋戦略的経済連携協定）の推進」を掲げている。これらの党が明日解体されて、くじ引きで議員を割り振って新しい党を作り直したとしても、何の問題も変化もないまま、今まで通り平然と国会運営は行われるだろう。

　ある議員は、ためらいもなくこう言った。

「日本の文化には、本音と建前がありますから。表面では党派に分かれて戦っているように見えても、それは国民が見ているところだから批判しあったりしているだけで、実はそうでないところで本音の議論が行われていて、最後はそこで物事が決まっています」

　実際、議員たちは党派を超えて仲がいい。

　日本は、多党制の国ではない。日本は、二大政党制でもない。日本は、一大政党制、プラス絶対に政権をとらない共産党が端っこのほうにポツンといるだけの、不思議な政治体制を持つ、なんちゃって民主主義の国ということらしかった。私たちは国会中継を見て新聞を読み、せっせせっせと投票している。何のために？　と訊《き》かれたら、よくわからない。

議員会館のなかにズラリと並んだ部屋へ行き話を聴いていくうちに、優秀な政治家を国会へ送り込み、彼らに力を発揮してもらうには、現在の政治システムには障害が多すぎるように、私は感じはじめた。

第一に、世のなかで活躍している有能な人材は、進んで政治家になろうとはしない。たとえなったとしても、周りを取り囲む政治家たちのレベルの低さに失望し、政界の不自由さに辟易《へきえき》して、結局は政治の表舞台から去ってしまうような気がした。反対に、一般社会にいてもたいして出世できないような人ばかりが、永田町にしがみついて生きていく。

日本の政治は、かっこよく言えば勢力争い、かわいく言えばグループ分けごっこ、それに加えて定年のない年功序列システムによって構成されている。出世競争や勢力争い、権力闘争が面倒な人は、永田町では力を発揮できない。世襲というバックアップも何もない若者が政界に入り、頭のよくない多くの政治家を相手にドロドロした出世競争を勝ち抜いてトップに上り詰めるには、あと二、三十年はかかってしまうだろう。そんなくだらない争いに有能な人は加わりたくない――なぜなら彼らは、ただシンプルに問題を解決したいだけだから。

インタビューをしたあとの帰りの電車のなかで、私はときどき、息がつまるような気分を味わった。一人の有権者に立ち返り、選挙のことを考えると空虚な気持ちに襲われた。どうやら私は、重大な勘違いをしていたらしかった。私はだれもが選挙に行って自分の権利を行使し、立候補者に投票するという形を通して、政治に国民の考えを反映させるべきだと考えていた。それこそが民主主義における一つの正義だとバカみたいに信じ込んで生きてきた。けれど結果としていつも、応援もしていない世襲のじいさんを国会に送り込む手助けをして、国家運営の足を引っ張っていただけなのかもしれない。私は自分の愚かな正義を、もっともっと早いうちに疑っておくべきだった。

ある政治家は、若い人はできるだけ政治に関心を持ち、選挙に行って民主党に投票すべき、と私に言った。反対に私は、もう安易に選挙へなど行くべきではないという気持ちになった。けれど……、家でじっとしているだけでは、的外れな政治家が国会へ入り込んでいく手助けをしなくて済む半面、それを阻止することもできないという悩みに行きついた。私は、困ってしまったのだ。

インタビューを通じて暗い気持ちになった一番の原因は、政治や行政の変化のペースが、一般社会の変化のペースに追いついていないことだった。世のなかのあらゆるものが猛烈な勢いで変化し、雇用も生活も意識も変わりつつあるときに、政治だけがはるか昔に取り残されているような感じだった。選挙制度、政治システムそのものを、本当はもっと機能的にして、有能な人が権限を持てる仕組みにしなければ、現代の変化には対応できない。国民の意志がもっとタイムリーに反映できる、たとえばトップを国民が直接選べる大統領制を検討するくらいの、まったく新しいシステムが政治にはきっと必要なのだ。

国民生活がどうのこうのと言う前に、あらゆることの前提として、まずは旧態依然の政治システムを根本から作り直さなければいけない。投票に行った人々が、政治家を選択する以前に、政治システムを変えるために投票する権利がなくてはいけない——能力のない人たちを、むやみやたらと政界へ送り込まなくてもいいように。

私はやっぱり選挙に行く。もっと積極的な気持ちで選挙に行く。無理やりだれかを選ばなければいけないという強迫観念をとりあえず捨て、もっと自由に、それでいて慎重に大切な一票を投じる。もうこれからは、消極的に政治家を選ぶのではなく、投票したい人がだれもいないのであれば、積極的に×と書く——×の数がうんと増えたらその選挙区から議席を一つ削除し、定数を変えてもらうという願いを込めて。分母が小さくなり、少数の有能な人材の権限が強まって、国会がスマートに、政治がスムーズになるように。そして、しがらみのない政治家としがらみのない官僚が、タッグを組んで国を作り替えられるように。

それから爽《さわ》やかな笑顔で手を振ろう。無能な政治家よ、バイバイ。

第五章

リセット

それは、広大なゴビ砂漠のどこかにできた砂山だった。私は山のてっぺんに寝転んで、傾きかけた太陽を見ていた。ときどき風が吹いてきて山頂の砂を巻き上げ、舞い降りた細かい砂粒が新しい山を形作った。私は立ち上がり、肘《ひじ》についた砂を払った。それから、きれいに均《なら》された砂の斜面に自分の足跡をつけながら、ゆっくりと山を下っていった。

どん底

二〇〇八年九月、私は派遣会社からの紹介を受けて大手信託銀行の地方支店で働いていた。三ヵ月ごとに契約が更新できる退屈で安定的な仕事だった。周りには、あちこちの派遣会社から集められてきた非正規社員たちが、正社員に交じって日々のルーティーンワークをこなしていた。上司も正社員もみんな気のいい人たちばかりで、居心地は決して悪くはなく、私はそののんびりとした職場で日々ぼんやりと時を過ごしていた。そんなある日、金融業界に激震が走った。リーマンブラザーズの破綻《はたん》を受けて世界中の経済が失速し、株価が大暴落を始めたのだ。金融資産が目減りして、投資家たちは頭を抱え、多くの会社が赤字に転じ、労働者が職を失った。同じ職場の派遣社員も早々と一人クビになった。新聞の紙面には世界恐慌の文字が躍り、テレビのなかのコメンテイターたちは沈痛な面持ちを浮かべつつ、他人事《ひとごと》のようにため息をついた。そして私は、記録的な下落を続ける平均株価を、日々、ワクワクしながら観察していた――なぜなら株の暴落はまったくの他人事だったからだ。

同じ職場の非正規雇用の女性従業員は、新聞を眺めながらこう言った。

「すごい時代になってきたね。いつか孫でもできたら『おばあちゃんはね、あの歴史的な世界恐慌の日に銀行で働いていたんだよ。株価が大暴落して大騒ぎだった』って自慢できるよ」

「そうですね。せっかくだからハローワーク前の行列にでも加わって、新聞の写真に載っておいたほうがいいかもしれないですね」

すると彼女は、そうそう！　と楽しそうに続けた。

「いつか歴史の教科書に載るかもしれない。『この職安の前でジャンパーを着て立っているのが、おばあちゃんだよ。あのときは本当に大変だった』とか孫に語って聞かせたりしてね。でも別に大変でも何でもないけどさ。金融資産をいっぱい持ってる人は大変だろうけど、私なんか年収二百万ちょっとの身分で、株がどうなろうと全然関係ない。仕事なんてこっちから辞めたいくらい。はっきり言ってどうでもいいわ」

彼女の言う通りだった。株価が上がろうが下がろうが、私にはまるで関係がなく、どうせ下がるなら中途半端にではなくて、際限なく下落して記録を更新したほうが話題性もあっていいような気がした。銀行の仕事や派遣会社からの支払いに対して、特別な不満もなければ満足感もなく、感謝の気持ちも恨みもなくて、解雇になろうが倒産しようが、率直に言ってどうでもよかった。仕事に対する未練もなければ仕事を失う恐怖もなかった。失業も転職もつなぎの仕事も、何度も経験してきたのだし、リーマンに何かが起きたところでショックを受ける立場にすらなかった。ずっと悪かった景気がそのまま普通に悪いより、どん底まで落ちてしまうほうが、むしろスッキリするような気もした。雇用形態の歪《ゆが》みや自由主義経済の負の側面が表面化する機会ができて、内心はどこかホッとしていた――もちろん、表向きには深刻そうな顔をして眉《み》間《けん》にはシワの一つも寄せていたけれど……。

そしてきっと、下落を続ける株価を私と同じような思いで見つめている人々が社会のどこかに必ず潜んでいるだろうと思った。悲痛な叫びを伝え続けるテレビや新聞、暗い顔をしたサラリーマンの街頭インタビューの裏側で、普段通り淡々と暮らしつつ、なんだかちょっぴり清々《すがすが》しい気分を味わっている人々がいるはずだった。

硬直社会

日本が抱えてきたあらゆる問題の根底にあるもの、それは人口構造の変化と、日本の経済成長が終わったことだと、小川淳也《おがわじゅんや》議員は明言した。

年金や医療や税制を含む日本の社会制度は、今から五十年も昔、私たちが生まれる前、一九六〇年代に完成し、現在までずっと引き継がれてきた。この五十年の間に社会も世界も経済も、人も価値観も物流の速度も、すべてが大きく変化した。そのなかで変化しなかったもの、それが日本の社会制度だった。

「制度が作られた六〇年代は、社会全体が成長期でどの会社もみんな大きくなれた時代だった。どの会社も二十代で就職した人を六十代で定年退職を迎えるまで、四十年間雇い続けた時代。言いかえれば『四十年後に、うちの会社は存続しています』と約束できた時代だった。だからみんな猛勉強して、少しでもいい学校に入って、いい会社に入って、そこで一生を過ごす。それが人生のたった一つの成功モデルで、程度の差はあれほとんどの人がその唯一のモデルに乗っかることができた。善い悪いは別として、だれもがそのモデルを前提に人生設計をして生きていたわけです」

けれど時代は大きく変わった。経済成長が二十年前に止まり、先行きの見えない時代が続いている。では今、一体どこの会社が、新入社員に向かって「四十年間、あなたの人生をうちが保障します」と言えるだろうか。約束通りに年功序列で賃金を上げて、予定通り四十年後に退職金を払えるのか。

「衝撃だったのが九七年です。山一證券、拓銀（北海道拓殖銀行）、あの不倒神話のあった巨大金融機関がバタバタと倒れ、翌年には長銀（日本長期信用銀行）も破綻した。あの辺がやはり、日本社会の雇用面の節目だったんだと思います。不倒神話がなくなると、企業は不安だから、正社員として囲い込む人たちの数を急激に絞り、雇用形態を業績や売り上げに応じて変動できる非正規と呼ばれるもの、つまり、パート、アルバイト、派遣労働へとシフトさせた。今の時代でも狭くなったレールに乗ることができれば、ぎりぎり戦後世代の成功モデルを描けますが、ただしオーバーワークが激しくて労働は過酷になっているし、いったんレールに乗った人は、違う道へ行きたくても降りられない。反対に、細くなったレールからそれると、もうほとんど人生を描きようがない。細いレールに乗れるかレールからそれるか、まずはそこで勝負して、乗れれば過労死、それれば絶望。どちらも厳しい選択を迫られて、将来に対する期待感をみんなが持てなくなっているわけです」

六〇年代型モデルが限界を迎えて二極化する現代の社会を、小川さんは、より柔軟な選択の幅の広い社会に作り直したいと言った。

「成長期の終身雇用を前提に作られた雇用文化と、それを支える社会保障制度を、これからはどこへ移っても不利がない、どんな勤め方でも変わらない、すごくフラットな仕組みに変えてやればいいわけです」

フラットな社会保障制度

成長期の人々は、一度就職が決まったら、勤めた会社を辞めることも職業を替えることもなかった。つまり職業を変更したり、勤め先を移動したりすることは基本的にないという前提で、社会制度は作られた。

医療保険を一つとっても、大企業なら会社の組合。中小企業は協会けんぽ。公務員ならそれぞれの役所の共済。学校の先生は学校共済。自営業の人は国民健康保険。要するにすべて、仕事別に分かれている。年金も同じで、会社勤めの厚生年金、公務員の共済年金、自営業者の国民年金。勤める先によって、社会保障が細分化され、勤め先を変わるケースは、まったく想定されていない。けれど時代は変化した。

「変化の激しい時代には、会社の栄枯盛衰は当たり前になるだろうし、それに合わせて人々が働く先を替えていくのも当たり前のことになる」

硬直した世のなかの仕組みを見直し、柔軟で変化に強い社会をつくる。そういった変化に対応できる社会を、小川さんは〝柔構造の社会〟と呼んだ。

「消費税を財源にした一元化された社会制度を作りたい。どこで働こうが、どこに住んでいようが、どんな家族形態だろうが変わらない、個人単位の年金と医療保険。そういった制度が整えば、もう人はどこでどんな勤め方をしても関係ない。消費税が財源なので、生きている限りはだれもが支払い、個人ひとりひとりに責任と権利を持たせることですごくフラットな仕組みができる。逆に今度は、雇う側から言うと、その人を雇ったからといって社会保険の負担しなくてもいいわけです」

それから、優遇されている退職金税制をなくせば、退職時にもらう大金に高い税率の所得税がかかることになり、退職金をもらうメリットがなくなる。そうやって、今働いた分を今もらえるシステムに徐々に変えていきたいと、小川さんは話した。なぜなら現在はもう、退職時まで会社が存続している保証などないような時代になっているから。

「社会保障の会社負担も退職金もなくなれば、会社側としては、その時点で正社員と非正規社員の区別はほとんどなくなります。つまり、今なぜ会社は正社員を抑制するのかと言えば、正社員はすぐに解雇できないことに加えて、保険料や退職金という大変な特典を付けなければいけないという苦しみを負うからです。だからここは、個人単位で社会保障制度を作り直し、安定した年金制度と引き換えに退職金制度をやめることで、雇用の世界に相当フラットな野原が広がる可能性がある」

正社員、非正規社員の区別がなくなり、企業が柔軟に人を雇い入れ、また柔軟に解雇もしやすい社会を作る。

「解雇しやすいということは、採用しやすいということと表裏一体ですから。ただし解雇しやすいということは、最低限の失業保険の仕組みも必要になります。もちろんこれも、すべての世代の人から公平に集める消費税でやれれば一番いい。硬直化した社会の仕組みや人生設計ではなく、本当に柔軟で、変化の激しい時代に強い社会制度、雇用文化を作らなくてはいけない」

フラットな労働市場

「今までの日本は、合おうと合うまいと一生働かないと損になる仕組みだった」

硬直化した労働市場について、山内康一《やまうちこういち》議員は話しはじめた。

「終身雇用が有利な社会は、ずっと働くという意味で、出産のある女性よりも男性に有利にできています。それに一度就職したあと、仕事が合わない場合もあるし、もっと違う職業にチャレンジしたい人もたくさんいると思います。だから年功序列はやめましょう。重要なのは年数ではなく、どれだけ会社に貢献できるスキルと能力があるかということ。能力ベースの人事の仕組みに変えていったほうがいい。典型的な例で言えば、年功序列終身雇用の公務員の場合でも、能力があれば四十代で局長になって構わないし、逆に能力がなければ、別の仕事に移ってもいい。労働市場の流動性を増していって、その代わりセイフティーネットをしっかりと張る。モデルで言うと北欧型ですね。北欧の国って、めちゃくちゃ簡単に人のクビを切りますから」

北欧の国々と言えば、世界最高の福祉国家として、国民生活は保障され守られているイメージがある。そして実際、そのイメージは間違っていない。ただ、北欧と日本では「守る」ことへの理解の仕方が異なっているために勘違いが生まれやすい。

日本はクビを切らないこと、終身雇用によって正社員を守る代わりに、そこから脱落した人は荒野に放置し、あとは転落させるだけの冷酷さを保ってきた。一方で北欧の国々は、簡単にクビを切る冷酷さと同時に簡単に人を雇い入れる温かさを持ち、再就職を容易にすることで国民を守ってきた――容易にクビが切れなくては、雇い入れるためのポストも空かない。

北欧の守られている人々は、失業しても人生に失望する必要はなく、失業給付をしっかり受け取り、職業訓練のあっせんを受けて次の職場へと移っていく。そこには悲壮感や絶望はなく、ちょっとしたリフレッシュを楽しむ時間や、人生をリセットしたりステップアップを図る好機として前向きにとらえる風潮さえある。こうした労働力の入れ替えは、北欧諸国の競争力を高め、経済力の維持に貢献してきた。つまり日本に必要なのは、クビを切らない努力ではなく、切られた人をサポートし、よりよい職場へと早く返してあげること。一つの場所に留まって安泰を得られない代わりに、転落しても絶望することのない柔軟な社会をつくらなくてはいけない。

「今の日本はGDP比で言うと、職業訓練にかけるお金が先進国のなかでも少なすぎる。だからその部分には今の三倍、四倍の予算をかけるべきです。なぜ職業訓練を国がやってこなかったかというと、それぞれの企業が企業内訓練で若い社員を育ててきたから。だけど、これだけ若い世代で非正規雇用が増えると、企業の職業訓練に頼ることはできない。だからこれからは、国がやる。ただし、職業訓練は、いわゆる役所がやるのではなく、職業訓練バウチャーを配ったりして、民間のトレーニングを使ってスキルアップするチャンスを提供していきたい」

山内さんの提案によれば、私たちは訓練用バウチャーを受け取り、それでたとえば宅建（宅地建物取引主任者）の資格をとるための通信教育を受けたり、英語や中国語を習ったり、簿記の勉強をしたりする。国民が自分に必要なトレーニングを自分で選べる仕組みにし、よりよい仕事に就くために、それぞれが自分の目的に合わせてスキルアップを図っていく社会を作る。

「それから、訓練を受けている間は、ある程度の手当を受けられるようにしてあげないといけません。そういう工夫をしておけば、労働力の不必要なところから必要なところへのシフトが容易になるので、企業の競争力が全般的に高まっていく。これまでの日本が何をやっていたかというと、つぶれかけた会社を無理やり続けさせようとしたり、必要のない人間を無理やり企業に抱えこませることに補助金を出したりしてきたわけです。それはもうやめましょう。その会社には必要ないけど、ほかの会社に必要な人っていっぱいいるわけですから」

いい学校を出たからといって一生安泰に過ごせるわけでも、企業に就職できたからといって一生そこにいられるわけでもない時代になった。職業訓練を受けるためには、自分に何が必要なのか、何をやろうとしているのか、社会で必要とされる技術が何なのかを見極めて、より積極的な態度で訓練を選ぶ必要がある。それぞれが頭を使い、自分を知り、自ら行動を起こさない限りは、職業訓練バウチャーの使い道すらわからない。――「これさえやれば大丈夫」というわかりやすい公式を、社会も企業も学校も、もうだれも示すことはできないのだから。

企業が人を雇い、何をすべきか教えていた時代が終わり、人が企業や社会に対して提案し、行動し、積極的にコミットしていく、そんな時代が始まっている。小川さんは、今、社会のなかで眠っている部分を目覚めさせないといけない、と言った。

「人口が増えたり、経済発展していた時代は、そんなにものを考えたり努力したりしなくても、みんなそれなりに均等に成長の恩恵に浴することができた。独創的な個性とか大変な努力は煙たがられ、なんとなく上司の言う通りにすることが一番大事なことだった。その時代の社会では、それは一つの正義だった。けれど一旦坂道を転げはじめると、少しでも考えて、努力して、少しでも自分の責任において行動して、自分と家族と地域と国家に貢献する人の割合を増やさないと、もうこの国はやっていけないわけです」

私は、彼の説明に一つ一つうなずきながらじっと話を聞いていたが、興味深いですが……、と途中でポツリと言葉を挟んだ。

「興味深いですが、当然と言えば当然の話ですね」

二度目のインタビューを終え、私が政務官室を出る前に、小川さんは立ち上がり淡々とした表情でこう言った。

「当たり前の話ばっかりでしょ。新しくも何ともない。特別なことを言っているわけじゃ全然ないんだよね」

フラットな財源

フラットな社会保障と雇用文化を作り直していくために、必要な財源をどう確保していくべきか。小川さんの説明を突き詰めていくと、それもまたフラットというイメージに結びついた。

日本が立ち向かおうとしている最大の問題は、人口構造の変化です、と小川さんは話しはじめた。

「社会保障をはじめとする日本のいろいろな制度って、人口構成がピラミッド型で、これから人口が増えていく時代に作られているわけです。つまり、圧倒的に数の多い若い世代が少し保険料を納めれば、ごく限られた高齢者の医療も年金も大丈夫という時代に組み立てられた」

ところが、人口構成はつぼ型に突入し、もうあと三十年もすれば、ついにピラミッドは逆立ちを始める。そうなると、若い世代が高齢者を支えるという仕組みは成り立たない。

「もう答えは一つしかなくて、全世代で、赤ん坊からお年寄りまで、薄く広く負担を分かち合う形で、最低限の年金と医療と介護を支えていく新しい形の社会保障制度を作り直すしかない。これはハッキリ言えば、消費税しかないわけです」

小川さんは、この国に必要なのは、〝消費税を財源とした新しい社会保障制度を作り直しましょう〟と真剣に言い出せるリーダーだと言った。税金の徴収も、社会保障も、雇用文化も、すべて真っ平らにしてしまった上で、すべて個人単位のシステムに作り替える。世代間や業種間、雇用形態間の格差を取り除き、みんながそれぞれ平等に責任と権利を負わなければ、逆ピラミッドの時代は乗り切れない。財源も環境も、そして生活の安心も、自分たちで作り出していく以外に道はない。私は言った。

「フラットな社会への変更は、これからの若い世代にとっても必要なものだと思いますが、そのよさを、まずは理解してもらう必要がありますね」

それを説明するのは、政治家の責任です、と彼は言い切った。

「これは、単純な、バラエティ番組がよくやっているような眼に面白いとか、耳にやさしいとか、一瞬興味を引くとか、そういう表層的な話ではない。だから理解するのに時間がかかるし、手間がかかるし、頭を使わなくてはいけない。でもそれをみんなでやらないと、この人口減少、低成長時代は生き抜けない」

それぞれの地域

日本の成長期が終わった、という話を小川さんはまた繰り返した。問題意識のすべてが一つのところでつながっていて、根っこがはっきりしているために、彼の示す対応策は明快だった。

「日本がこれまで中央集権でやってこられたのも、成長期だったからです。成長期は、みんなが欲していた時代だった。いつかはテレビ、いつかは冷蔵庫、いつかは自家用車というふうに、みんな同じものを欲しがっていた。個人や家庭もそうだけど、地域も欲していた。いつかは橋、いつかはトンネル、いつかは高速道路、いつかは新幹線。みんなそう思っていたし、みんな満たされていなかった。そのときに求められたのは、できるだけ効率的かつスピーディーに、地域が欲しがるものを中央が分配すること」

それをやった典型的なリーダーが田中角栄《たなかかくえい》だった。彼は日本列島改造論を唱え、日本中が欲しがる道路を、新幹線を、どんどん分配した。それは成長期という時代に見合ったとても効果的なやり方だった。

「もう一つ、成長期に中央集権が成り立つ理由は、成長期には分け与えるエサがあるということです。つまり、国が成長過程にあるとパイはどんどん膨らんで、会社の売り上げも税収も毎年どんどん増えていくから、政府は欲しがる地方に分配できる。中央集権というのは、中央政府には分配して余りある財源、資源があって、反対に地方はみんな飢えていて共通のものを欲しがっているという二つの条件の上に成り立つシステムだった」

けれど成長期が終わったことで、この二つの条件は二つとも崩れた。中央政府には、地方へ分け与える資源、つまり運ぶエサがなくなってしまった。それをこの二十年あまりは、毎年借金を積み重ねることで、あたかも過去と同じようにエサがあるかのように振る舞い、借金の額だけを膨らませてきた。その一方で、地方はもう以前のようには飢えることはなくなった。大体どこも道路は整い、高速道路もたくさんできた。新幹線や空港をはじめ、公民館も公共施設も体育館もあちこちにできた。そして必要でなくなったあとも、借金でせっせと作り続けた。

「そこで、次に地域が欲しがっているものが何なのかと考えると、欲しいものが各地域によって異なっている可能性がある。基本的な衣食住やインフラがほぼ満たされた状況で、ニーズが一様でなくなった。中央は、配って余りある資源があった時代からない時代に入り、地方は、飢えていて共通のものを欲しがった時代から、それぞれ欲しいものが異なっている時代になった。ということはもう、答えは一つしかない。中央集権ですべて中央から分配していた方法をやめて、できるだけ決定権と財源をそれぞれの地域に下ろすしかない。つまり地方分権の本質は、もっと効率的に、もっと実情やニーズに合わせた形で、資源分配を最適化するということです」

権限や財源が地方へ移る時代には、それぞれの地方にマネージメント能力を持ったより優秀な人材が求められる。これまでのように中央の人だけが考え、地方はただ口を開けて待っているだけという時代は終わった。日本はこれから平面化する。

「必死になって考えて、努力して、責任をもって行動する人が、それぞれの地域にいなければならない時代に入るわけです。その代わり、タダでそうしてもらうのではなく、成功すれば十分な報いがあるし、失敗をすれば責任を求められる。そういう環境を作るしか、坂道を下りはじめたこの日本を、再び活気づかせる手段はない」

柔らかいグラウンド

プリントの束の中から英語で書かれたページを取りだし、山内さんはある一行を指し示した。

「Big Government to Big Society」

大きな政府から大きな市民社会へという、イギリスの保守党が柱としている考え方だった。中央集権や全体主義的な国の在《あ》り方を変えていって、分権型の社会を作りたい、と山内さんは言った。

「それは、中央政府が何もかもやるのではなく、地域コミュニティーやNPOや地元に根ざした企業の力で問題を解決していき、それを政府がサポートしていくような社会です」

大きな政府ではなく、大きな社会を作っていくこと。それを実現するために、山内さんは、二十世紀後半の高度成長期モデルはやめにして、もっと「社会」を大切にする方向へ流れを変えたいと話した。

「そのためには、なるべく補助金よりは税制で行政や社会の仕組みを再設計していきたい。要は、税金を政府が吸い上げてばらまくのではなくて、たとえばNPOや美術館、学校や病院への寄付を控除対象にしたりして、民間の企業やお金持ちから地域コミュニティーへ直接お金が流れるような仕組みを作りたい」

さらに、税制を変えることで、今の大量消費カルチャーを変えていきたい、と山内さんは続けた。そうすることで地域の企業や小さなコミュニティーを育《はぐく》み、活性化していける可能性がある。

「いわゆる、たくさん作って、たくさん消費して、たくさん捨てるという、成長期の発想はやめましょう。たとえば、税制を変えてゴミの廃棄に高いお金がかかるようにしたら、安いモノをたくさん買って捨てるような大量廃棄のカルチャーはなくなると思います。食器にしたって、中国製の安いプラスチック製を使うより、きちんとした瀬戸物を長く大事に使うような方向にしたい。そういうところは心がけで改善するのは難しいと思うので、市場のメカニズムを生かしたい」

税制を変え、人の行動を変えることで、大雑把《おおざっぱ》になっているモノの流れや価値観をもう少しきめの細かいものへと移行していく時期にきている。大きな政府や大きな企業、大量生産や大量廃棄といった大きいものや多いものだけが幅を利かせた時代は終わり、これからは地方やNPO、小さな企業や地域コミュニティーが、それぞれ独自の色を持って、社会や文化を色づけしていく。

「今までは、経済ばかり追いかけてきたけど、経済というのは、ある一定のレベルに達すると人の幸福とそれほど連動しなくなるんですよ。その臨界点は、たとえばマレーシアのようなレベルで、最低限の医療サービスと教育がすべての国民に担保できていて、だけど過剰消費にはなっていない。そこから先は、GDPが十倍になれば幸せ度が十倍増すかというと、そうはならない。それに、今のアメリカや日本のペースで過剰消費すると世界はあっという間にパンクします。だから経済中心ではなく、もうちょっと社会を大事にしたい」

中央政府の権力や財源を細かく分割し、地域や民間やNPOにそれぞれ知恵を絞らせて、多様化するニーズに対応していく。そんなふうにして「社会」を大きく強く育てるために、政府がより熱心にやるべきことと手を引くべきことの間に線引きをしていく必要がある。

山内さんは、政府がサポートできることは、教育、税制、基礎研究といった環境整備だけだと言った。つまり政府は、民間企業やNPOが力を一番発揮しやすい土壌だけ整備して、あとはなるべく手を加えない。

「規制緩和ですね。規制がなくなった瞬間に新しい産業がわっと出てくるケースがたくさんある。たとえば携帯電話なんかもそうでしたが、ちょっとしたきっかけで爆発的に普及したりする。日本は、いろいろと余計な規制のせいでビジネスチャンスを摘み取られているケースが、先進国中では一番多いと言われています。そういうところは規制緩和するだけでいい。政府はカネも出さなくていいし、余計な口も出さなくていい。いらない産業は消えていくしかないし、そのときに、人やお金がほかの産業へ簡単に移る仕組みがあれば、それでいい」

これまで硬直していた産業が開かれ、業界の外にいる人が新規参入しやすくなれば、新たな発想や人脈によって、今まで考えたこともなかったような商品やサービス、ビジネスモデルが生み出されるかもしれない。小さな会社やNPO、それから挑戦意欲を持った個人が、もっと柔軟に、もっときめ細やかに連携して日本の潜在能力を引き出していかなければ、大樹の陰に寄っているだけでは、これからの時代は生き抜けないのだ。

たとえば、こんな時代の一案として、NPOを支援するNPOに興味があると山内さんは言った。

「NPOって立ち上げるときは素人ばかりの集団なので、会計はこうするんですよとか、法律の上ではこうで、行政との交渉はこうするんですよとか、そういうコンサルティング業務をNPOのために非営利でやるという仕事にも興味があります」

より多くの人々が、独自のビジョンを持って会社やNPOを積極的に立ち上げていけば、大きく豊かな社会が無理なく実現できるかもしれない。規制緩和や税制改革によって作りだされるチャンスを見つけ、そこに新しい種をまき、それぞれが自分で育てていく時代。あらゆる可能性の芽を伸ばし、個人がチャンスを生かし責任を負う社会。その環境整備こそが、政治家に求められている最大の仕事だと小川さんは言った。

「頑張《がんば》ったって報われないようではだれもやらない。だから環境を整備して、可能性や努力の芽を存分に開かせたい。もちろん失敗したときには本人が責任を負うけれど、命までは奪わない。クッションを敷き詰めた柔らかいグラウンドで、思いっきり飛んだり跳ねたりしてもらうようなイメージです。六〇年代に組み立てられた社会保障や税制の仕組みを二十一世紀に堪えられるものにきちんと置き換えることができれば、必ずその道は広がっていくはずです」

第六章

スタートライン

小学校のころ、母子家庭のうちの子がいた。ある日、その子は先生に呼ばれて教室を出ると、泣きながら学校を早退した。母親の死因は過労だった。その子の家の天井は、タバコの煙でいぶされて変色し、激しくめくれあがっていたと後で聞いた。

手垢《てあか》

二〇〇一年秋、私はアメリカの西海岸で大学生活を送っていた。その日、ロサンゼルス市内のクラブを出たあと、私はルームメイトの運転する車に乗って帰路についた。深夜二時を過ぎたころ、セルフサービスのガソリンスタンドに立ち寄ると、待ち受けていた女性たちが走り寄ってきた。彼女たちは全員がアフリカ系アメリカ人で、髪を乱暴にくくりつけ、疲れたTシャツを着ていた。ルームメイトの男性は、私を助手席に残したまま車を降りて、彼女たちと簡単な言葉を交わしてから、そのうちの一人に給油ノズルを譲った。そして彼は、開いたままのドアから車内へ腕を伸ばし、サイドボックスのなかをしばらくの間漁《あさ》っていたが、ふいに顔を上げてこちらを見た。

「一ドル札、持ってない？　五ドル札しか見つからなくて……」

私はすぐに財布を取り出したが、彼は、やっぱりいいよ見つかったから、と言いながら体を引っ込め、給油を終えた女性にティップを渡した。女性はお札を大事そうに受け取ると、〝sir〟と敬称を連呼し、彼に何度も礼を言った。そして、彼と私の両方に、よい夜をお過ごしください、と声をかけた。

車は物騒な市内を抜け出し、フリーウェイを南下しはじめた。窓ごしに見える夜の郊外にオレンジの街灯がどこまでも広がり、街全体が燃えているようだった。

「彼女たちの生活は、とても厳しい」

彼はアクセルを踏み続けたまま、静かな声で沈黙を破った。私は、彼が給油の仕事を与え快くティップを払ったことに対して、実は少し驚いていた。もちろん彼女たちの身なりを見れば、生活が苦しいことぐらいすぐに理解できたし、どうしようもない貧困層が存在していることも知っていたが、私が暮らす優雅な学生街には、ティップを欲しがる側の人は見当たらず、ティップを手渡す場面に出くわしたことがなかった。貧困や格差についてしばらく話し合ったあと、私は彼に言った。

「彼女たちの生活が厳しいことは理解できる。けれどこの国には、マイノリティー優遇措置《そち》や奨学金制度もあって、果たして彼女たちが、本気でそういった自分たちの権利を利用し、努力しているかどうか疑問に思うことがある」

ルームメイトはロシア出身の画家で、二十代の初めに単身アメリカへやってきて奨学金を受けて大学を出た。その後、自力でスポンサーを探して仕事を続け、永住権まで勝ち取った。アメリカに来てからの九年間、一度も母国に帰ることなく、言葉を覚え、仕事を探し、ガレージに寝泊まりしながらどうにか生き延びてきた人だった。チャンスの国、アメリカへ乗り込み、闘い、一歩一歩階段を登ってきた彼なら、きっと私の意図したことが理解できるはずだと思っていた。学費の安い二年制大学や奨学金制度もあるし、死に物狂いでチャンスを生かせば、だれだって同じ階段を登っていけると考えていた。留学生も移民も地元の貧乏な一般市民も、みんな必死になって努力しているのだ、と。

彼は、君の言っていることはもちろん理解できるよ、と言い、だけど、と言葉を続けた。

「問題は、彼女たちが何も知らされていないことだ。優遇措置があることも、奨学金があることも、彼女たちは知らない。教養を積み、学位や資格を取得すればよりよい仕事を得られることや生活が安定するということを、だれからも教えられることなく育ってきたんだよ」

私はシートに体を埋《うず》めて、彼女たちの生活やこれまで歩んできた道のりについて、少しだけ想像してみようとした——おそらく、彼女たちが知っているのは、スラングと夜の世界と、ガソリンスタンドで給油を手伝えば一ドルもらえるということと、一ドルあればコンビニの菓子パンが一つぐらいは買えるということ。それぐらいのことかもしれない。

努力するのは当然のことで、少しでも気を抜けば痛い目にあう。私はそう信じていたし、実際にそんなことがたくさんあった。朝起きて夜眠り、健康に気を遣い、勉強をして体を鍛え、より納得のいく仕事に就く。そんなことは当たり前だと思っていたし、そういう生活に慣れきっていた。そうでない暮らしをしている人に対して想像力や深い思慮を欠いたまま、特に違和感もなく生きていた。それは、私が抱えていた人としての大きな欠陥だった。

それから一年半後に、私は大学を卒業し、それと同時に仕送りとビザと家を失った。中古車に家財道具を詰め込み、あちらこちらを転々としながら、友達や先生の家に転がり込んだりガレージの奥を間借りしたりして生き延びた。三ヵ月さまよったあと、ビザが下り、サンフランシスコで仕事を見つけると、今度は低所得者居住区にあるアパートの一室に移り住んだ。

近隣住民や通勤で使うバスのなかは、九割以上が有色人種で、八割はアフリカ系アメリカ人だった。夜になると近所の家から、さまざまな騒音が聞こえてきた。私はいつも自室のマットの上で仰向けになったまま、息をひそめてそれらの音を聞いていた。人々は、モノを投げたり、たたき割ったり、叫んだりしながら生きていた。殴ったり殴られたり、おそらく侵したり侵されたりしながら、パトカーがやってくるまでの間、忙しい夜を過ごしていた。


ある日仕事を終えて帰ってくると、近所の女性とすれ違った。彼女とは同じバスに乗り合わせることが多く、十歳くらいの娘がいることも知っていた。当初は、彼女には白髪交じりの父親がいると思っていたが、二人はよくバス停でけんかをしたり、抱き合ったり、ときに熱っぽくキスしたりしていたので、今ではその男性が父親ではなく、どうやら夫であるらしいことも知っていた。けれど私は、その日まで彼女と話をしたことは一度もなかった。

彼女はすれ違いざまに私のほうをチラッと見たあと、走り去ってゆくバスに向かって「クソ、行ってしまった」と、こちらに聞こえる大きな声で悪態をついた。私が振り返ると、彼女はバスを指さし困ったように、クソ、とまた言い、あのバスに乗らなくちゃいけなかったのに、と私を見ないで訴えた。

「あのバスですか？」

私が彼女に聞き返すと、このままでは娘の学校の懇談会に遅れる、と彼女は言い、ハンドルを回すしぐさをしながら、運転できるか、と私に訊《たず》ねた。彼女の横には、小学生の娘が無関心な顔で立っていた。母親は汚い言葉を繰り返しながらバスのほうを見ているだけだったが、口下手な彼女が何を求めているのかはすぐに理解できた。

「乗っていきますか？」

二人を車に乗せてバスを追いかけることを提案すると、彼女は恥ずかしそうに目をそらしたまま、オーライ、と言った。私は車を取りに戻り、彼女を助手席に、娘を後部座席に乗せてエンジンをかけた。彼女はいつもと同じキャミソールにジーンズの短パンをはいていて、低所得者特有の不健康そうな脂肪が、露出の多い衣服から垂れ下がっていた。巨漢の彼女を乗せた車は、助手席側へ大きく傾き、私は馬力のない中古車のアクセルをいつもより強く踏み込んだ。

バスのおしりが近づいてくると、このバスだね、と私は声をかけた。彼女はそれには返事をせずに、娘の懇談会の時間が迫っているとグチをこぼし、バスからは視線をそらしたまま窓の外を見ていた。懇談会までに残された時間はわずかしかなかった。バスを乗り継げば大幅に遅刻し、車で行ってもいずれにせよ間に合わないようなタイミングだった。私はそのままバスを追い越して、学校まで送りましょうか？　と彼女に訊《き》いた。彼女はやはり窓の外に目をやったまま、オーライ、と言った。

私はフリーウェイに乗って橋を渡り、サンフランシスコ市内の坂の多い道を数回曲がったあと、空いていたスペースへ車を寄せてサイドブレーキを引いた。

「申し訳ないけれど、Uターンができないので学校の真ん前までは行けない。ここで降りてもらってもいいですか？」

彼女はうなずき、後部座席を振り返った。そして、心地よさそうに居眠りをしていた娘を激しい口調で起こした。彼女は助手席のドアを開け、オーライ、と言いながら車を降りると、すぐ道路につばを吐いた。娘は眠そうに顔を歪《ゆが》めながら車を降り、二人は乱暴にドアを閉めて去っていった。

私は腕を伸ばし、助手席のドアをロックしようとして、ドアの取っ手が黒い手垢で汚れていることに気がついた。振り返ると、後部座席のシートにも少し汚れがついていた。

母親も娘も、ありがとう、とは言わなかった。ジーンズの短パンをはいた母親は懇談会に遅刻した。そして私は、あの女の子に、この先どんな人生が待っているのだろうと考えた。奨学金を受けて粘り強く勉強し、適切な服装で面接に行って正しい言葉遣いで仕事を探し、暴力を振るわない恋人を見つけ、深夜に人が叫んだり皿が割れたりしない地域で安定した人生を送ることができるだろうか、と。そして何よりもひと言、ありがとう、と言えることが、どれだけ物事を円滑に進ませ社会生活で役立つかを、いつどんなタイミングでだれが彼女に教えるのだろうか、と。

世の中に準備された助けやチャンスに気づくことも、そのチャンスを生かす方法を学ぶ機会も、あるいは社会の一般常識を知らされることもないまま、あの子は大人になるような気がした。ありがとう、が言えないのは、おそらくあの子の母親の責任で、あの母親が、ありがとう、を言えないのは、きっと祖母の責任で……。

私は後部座席の箱からティッシュペーパーを一枚引き抜き、取っ手の汚れを丁寧《ていねい》にふき取った。

新宿のファストフード店の一角で、若い母親が幼い息子をしかりつけていた。息子はじっとうつむき、長く激しい説教の間、机の表面を見つめたまま硬直していた。母親がその子に浴びせ続けた言葉は、覚える価値のない劣悪で侮辱《ぶじょく》的なものばかりだった。ストレスに満ちたとげとげしい声がカウンターテーブル沿いに絶え間なく伝わってきて、私はたまりかねて席を立った。

日本のデパートの地下にある惣菜《そうざい》屋の狭い調理場で、私はアルバイトをしていた。最低賃金ギリギリの給料を受け取り、みんな油にまみれて早朝から休みなく働いていた。年配の女性たちは、痛めた腰にコルセットを巻いて大なべや鉄釜《てつがま》を運び、終わりのない立ち仕事に耐えていた。彼女たちは、休憩時間がくると灰皿の前で放心し、至福の一本をふかした。そんな従業員の一人は、長男の素行を嘆き、高校生の次男坊のことをいつも誇らしげに話した。

「あの子はしっかり者や。昨日の晩もな、ベランダでタバコ吸ってたら、そんなに吸ってばっかりじゃ体壊すぞって次男に怒られた。長男はアカンけど、次男はしっかりしとる。親に似んとね」

公教育

経済レベルや家族関係、親の教育の仕方や価値観は、各家庭によって異なっている。その違いによって作られる社会の溝や障壁は、個人の意志や能力によって乗り越えられる場合もあれば、どうしても難しい場合もある。そこで、家庭環境の違いによる機会の不平等を是正《ぜせい》し、どんな家庭環境に生まれてこようと、子どもたちが最大限成長できるようにするためには、行政の力が不可欠になる。つまりそれは、教育に金をかけることだ、と何人かの議員は言い切った。

特にロンドン大学教育研究所で学んだ山内康一《やまうちこういち》議員は、日本の教育の在《あ》り方について明確な考えと方向性を持っていた。

「親の所得格差を子どもの教育格差につなげないためには、公教育にもっと力を入れなければいけない。もっとお金をかけないといけない。日本は家庭の教育費の支出が異常に高く、GDP比一・六パーセントくらいを家庭が負担している。多くの先進国では、大学も含めた公教育をGDP比で五パーセントくらい国が負担しているのに対し、日本は国の負担がGDP比で三・三パーセントくらい。これは先進国で最も低い。国ができない分を日本では家庭が負担して、合計で五パーセント程度にしている。つまり塾通いや私学に頼りすぎているわけです。私学が悪いわけではないですが、塾に行かないとまともな教育が受けられないというのは問題だと思います。こんなことをしているのは、韓国と日本ぐらい。たとえば、学力が世界一のフィンランドには塾はほとんどないそうです。日本も、たとえお金がなくても最高の教育を受けられるように公立の学校を充実させるべきだと考えています」

中学を卒業するまでの義務教育の間は、子どもたちの教育を国が保障している。したがって教育格差に関する議論は、高校や大学への進学費用を中心に語られる場合が多い。けれど本当の格差は、義務教育のなかにある。もしもそうでなければ、だれも塾へは行かないし、私立中学へ進んだりはしない。高校や大学へ進むには、学費の問題だけではなく、そこへ入学するための学力をつける環境が要る。その環境を提供している義務教育に格差があれば、それを平等と呼ぶことはできない。

さらに、公教育の質の低さは、人生の早い段階で子どもたちを選《よ》り分け、子どもたちの世界を安易に分断してしまう。エリート学校へ行けない子どもは、質の悪い教育を受け、エリート学校に通う子どもたちは、エリートしかいない世界で、そうでない人たちの存在や生き方の多様性に触れることなく狭い世界で生きていく。経済力のある家の親が、子どもを公立学校に入れ、いろんな境遇の子どもたちと一緒に学ばせたいと思っても、公立校の質が悪すぎれば、結局は子どもを私学へ入れることになるだろう——リスクを回避するために。

サウナ

私が六年間を過ごした地元の市立小学校は、決して悪い学校ではなかった。先生もみんな普通だったし、授業をちゃんと聞いてさえいれば、たいていのことは理解できた。高学年になると、平均的な経済力の家の子は何割かが塾へ通いはじめた。さらに親の年収や社会的地位が高い家の子は、有名塾へ通ったり家庭教師をつけたりして、小学校を卒業すると私立中学へと姿を消した。

残された普通の家庭の子どもは、そのまま公立の中学へ進み、荒廃しきった教室のなかで、暴れたり、寝たり、手首や腕をカッターナイフで切り刻んだり、早弁《はやべん》したり、モヒカン頭になったり、教師を脅したり、教師に殴られたりして過ごした。そのときのクラスの構成次第で、環境は少しよくなったり極端に悪くなったりした。当たり外れの大きい世界だった。

中学校の学級は、文字通り崩壊していて授業はもう成り立たなくなっていた。担当の教師がころころ変わり、国語の教師が英語を教え、自習時間という名目で生徒たちは見捨てられた。生徒の多くが塾へ通い、塾で学ぶ生徒たちは学校の授業を放棄し無神経に妨害した。そもそもは学校の授業の質が低すぎるために、生徒は熱心に塾へ通っていたが、結果として彼らは、塾を担保に学校の授業を軽視し、さらに授業をむちゃくちゃにした。

悪循環を起こす学校のなかで、塾へ行かない残りの生徒たちは、勉強をあきらめるか、強いストレスと戦いながら自力で勉強するしかなかった。何人かの教師の声は完全に騒音にかき消され、勉強は、どんどんわからなくなっていった。

体罰の恐怖でクラスを押さえつけられる、いわゆる体育会系の教師が幅を利かせ、弱い教師はヘラヘラ笑って授業をあきらめた。教師たちの抱えるストレスは、体罰や罵声《ばせい》や部活動のシゴキとなって、日常的に押し寄せてきた。私たちは、青あざや抜け毛や吐き気や、激しい体重の減少や疲労感、はがれた爪《つめ》やひびの入った骨のなかへ、この世のなかの多くの痛みを引き受けながら生きていた。

学校から離れ、部活動を逃げ出し、私はせめて週末ぐらいは、家で疲れた体を休め自由に過ごしたいと考えていた。けれどその願いは、「生徒を自由にさせるとバイクを盗む」というわけのわからない教師の意見であっというまにつぶされた。貴様、ナメとんのか〜、とドスのきいた声で叫びながら、逃げる私を追いかけて教師は自宅まで乗り込んできた。百六十六センチまで伸びた身長に対し、体重は三十八キロを割り込んだ。毎日強い吐き気に襲われ、やっと飲み込んだフルーツが胃液とともに逆流してきた。和式トイレにしゃがむと、コカ・コーラのようなどす黒い血尿がいつものように流れていった。

世間や教師のストレスは生徒の体に移植され、生徒たちはイラつきながらそのはけ口を探し回った。ムカつけば対立し、ウザイ奴《やつ》はシカトされ、ナメた野郎は待ち伏せにあい徹底的にシバかれた。

私はただ純粋に教師と生徒と学校を憎み、いつも窓から外を見ていた——授業妨害をする生徒たちが交通事故にでも巻き込まれて、学校へ来なくなってくれたらどんなに助かるだろう……、そんなことを無気力に考えながら。

中学校を卒業すると、みんなそれぞれの家庭の事情や学力のレベルに合わせて、バラバラの道を歩みはじめた。仕事をしたり、弟子入りしたり、どこかの高校へ進学したり。その後、専門学校や大学へ進んだ者もいた。それと同時に、少年院や鑑別所の世話になった者もいた。

そして、大人になって刑務所へ入った者もいた、とあとで人づてに聞いた。それが本当かどうかも知らないし、私はそんな情報を追いかけたいとも思わない。あの学校へ近づくことも、当時を思い出すことも、まっぴらごめんだと思っている。けれども、うわさが本当で、それが小学校からずっと一緒に同じ教室で学んだ彼だったとしたら、世間や学校教育に対する私の個人的な憤りは、もう少し強いものになるかもしれない。

私はサウナに行くたびに彼のことを思い出し、何とも言えない奇妙な笑いをお腹の底で押し殺している。

「昨日おやじと銭湯行ってさ、オレがサウナ入っていって、おならブリブリ〜ってこいたら、なかにいたおっさんとか、みーんな外に出ていってオレ一人だけになっちゃった」

会いに行った政治家の九割は、基本的によい人だった。平均してみんな親切で紳士的で高い教養を身につけていた。彼らは日本の未来を憂《うれ》い、そのうちの何人かは、現代日本の精神性を心配していた。

民主党の議員は言った。

「この国は、家庭教育からもう一度やり直したほうがいい。お父さん、お母さんを大切にしたりする精神がダメになっている」

自民党の若手議員たちも言った。

「甘える人が増えている。自助自立がベースです。人には迷惑をかけない、お上の世話にならない、これが基本でしょう」

「最近の若い人は苦労が足りない。徴兵制を導入し、鍛え直したほうがいいと思います」

「日本はなんだかんだ言ってもフェアな国です。だれにでもチャンスはあります。生かすかどうかは本人次第」

彼らの話していることは、ある意味で筋の通った意見だった。両親を大切にすることも、自助自立して努力する姿勢も、家庭でしつけをすることも、人に迷惑をかけないことも、己《おのれ》を鍛え抜くことも、すべては一点の曇りもない正論であって反論の余地はまったくない。けれど、その完璧《かんぺき》な論理を議事堂のなかで確認しあったところで、一体この世のなかの何が具体的に変化して改善されていくのだろう？　と、私は後で首を傾《かし》げた。意見があまりに正当過ぎて、私は明らかに面食らってしまった。

優秀な政治家の何人かは、有名私立中学へ進んだ後、大学や留学や大学院を終えるまで、華々しい学歴だけを積み重ね社会の表舞台で活躍してきた。それはひとえに彼らの努力が作り上げた経歴で、その努力の成果は評価され、称賛されるべきものに違いはない。優秀で努力家で情熱を持った政治家が、日本をよりよい方向へ引っ張っていってくれるなんて率直にありがたいことだった。けれど帰りの電車のなかで、私はどうしても一言、政治家に伝えたい気持ちになった――たぶん、みなさんが考えているよりも、世のなかはもうちょっとだけ複雑で、融通の利かない構造になっている気がします、と。

サポート

日本は、なんだかんだ言ってフェアな国で、それなりにみんなにチャンスがあって、それでいてやはりアンフェアな部分をいくらか抱えた国だった。私たちは公平性について語るとき、機会と結果の平等性を混同し、ときに、はき違えて議論してきた。

第一に、社会主義国でない限り、結果に平等性はない。どれだけ努力した人も、どれだけ才能がある人も、みんな同じ結果なんて、そんなことはあり得ないし、あったらやる気がなくなってしまう。ヨーイドンで走り出したら、普段から熱心に練習した人、足の速い人が一番になる。

反対に機会の平等性は、追求していく必要がある。ここで一番重要なことは、スタートラインに着く前に、みんなできるだけ同じレベルのグラウンドや設備で練習し、同じように栄養を取り、励まされ、質の高い指導を受けて、競走に向けて準備すること。準備する環境に差がある国を、フェアな国と呼ぶことはできない。


同じ栄養や励ましを、それぞれの家庭が子どもに与え適切に指導できるとしたら、それ以上に素晴らしいことはない。けれど今、現実は理想通りにはいっていないし、スローガンを掲げたところでおそらく何も変わらない。

育児放棄をする親に育児をしなさいと注意をし、暴力をふるう父親に暴力がいけないと教えたところで、育児放棄も暴力も結局は繰り返されていく。健康的な食事を作り、子どものために時間を作り、子どもの悩みをしっかり聞き入れ、適切な対処を施して、子どもにきちんと礼儀を教える、そういったことの大切さなんて本当はみんなわかっている。頭のなかではわかっているし、もう何度も繰り返し言われてきたが、どうしても改善できない人がさまざまなレベルで存在している。

収入が安定しない人、強いストレスを抱えていてつい子どもに八つ当たりしてしまう人、温かい家庭と言われてもそれがどんなものなのかわからない人、暴力をふるわれて成長し同じことを我が子にもしてしまう人、精神疾患と闘っている人、健康に問題を抱えている人、タバコや酒に依存せずには毎日の苦しい労働をどうしても乗り越えられない人、夫婦げんかがやめられない人、近所づきあいが下手な人、子どもを塾へ通わせたくても家計が苦しくて無理な人、子どもに尊敬されるような親になれと言われても残念ながらなれそうもない人、子どもの勉強を見てあげたくても見てあげられない人、子どもにスポーツを教えたくても、そのスポーツをやったこともない上にお腹もだいぶ出てきてしまってそれどころではない人、おいしい料理を食べさせたくてもどうしても料理が下手くそな人、適切な日本語を教えたくても謙譲語と尊敬語の使い分けに自信がない人、労働時間が長すぎたり夜勤の仕事をしたりしているために子どもと接する時間がない人、人生哲学を教えたくてもそもそも自分が哲学なんて持っていない人、我が子に立派な背中を見せたくても不本意に社会で落ちこぼれ、しぼんだ背中しか見せられない人。

「それらはすべて親の責任です。親の努力と能力が足りません。もっと親が頑張《がんば》って、家庭を守り、子どもをしっかり育てるべきです」

と言うのは、おそらくは正論であって、けれど現状を打破するための解決策には一切ならない。そして結局のところ、スタートラインに立つ前の子どもたちにすべてのしわ寄せが行ってしまう。

ダメ出しをして突き放すのではなく具体策を打って拾い上げ、できる限り平等に、あらゆる境遇に生きる子どもたちをスタートラインに立たせてあげなくてはいけない――未来の人材をみんなで守り、社会の基盤を底上げするために。


公教育に力を入れてサポートスタッフを充実させる。山内さんの提案は、現代の社会や家族環境にフィットした実用性のあるアイデアだった。

「日本の学校の先生は、数が少ないわけではなくて、あまりにも勉強以外の業務に追われすぎていることが問題です。たとえば、学校の先生でないサポートスタッフや、事務職員を増やして、先生は子どもの学力向上だけに集中したほうがいい。先生たちの仕事は、子どもに基本的な知識を植え付けることに特化すればいいと思います」

たとえば、部活動や課外活動は、教師以外のサポートスタッフが面倒を見てくれたほうが子どもたちにとっても幸せかもしれない。スポーツのお兄さんが学校へ来て教えてくれたり、昆虫好きのおじさんが林間学校の先生をしたり、お菓子作りの得意なおばちゃんがスポンジケーキの焼き方を教えたりしてもいい。地域の大学教授が、退官後に地域の中学へ行って、人生をかけて追究してきた科学や数学の面白さを子どもとともに再発見したり、コミュニティーオーケストラでずっと活動してきたトロンボーン奏者が、音楽の楽しさや厳しさを子どもたちに教えたりするのもいい。

特定の分野に強い関心があり、そのことが好きでたまらない大人たちが、子どもと一緒に熱中し、スポーツや野外活動や創作する楽しさを自らの背中で示すほうが、子どもにとっても、くたくたに疲れた教師と無理やり何かをやらされるよりずっといい。特に、スポーツや音楽といった分野は、経験も知識も豊富で、子どもの力をどう伸ばせばいいのかをわきまえた人格に優れたスタッフが、余裕を持って子どもに接して丁寧に指導するほうが、子どもたちはより安心して充実した時間を送ることができるだろう。

そして同時に、教師の業務やストレスを軽減し、教師の精神をまずは安定させ、じっくりと学力向上に取り組んでもらうことで、落ちこぼれる生徒をゼロにする。山内さんは言った。

「先進国の場合、学校の先生ってスポーツにはあまり関《かか》わってないですよね。ドイツなどヨーロッパでは、たとえば学校のOBとか地域の若い人たちがやってくれるんですよ。日本の場合、部活の顧問が、俺《おれ》やったことないんだけどな、って経験もなく教えてることがありますからね。それから、日本の中学や高校って、あらゆる部活をフルラインナップでそろえていたりするけれど、そういうのはやめにして、人口の少ない街ならば、地域の学校全部集めて、ホッケーチームを作ろうとか、サッカーだったら二チームみんなで作ってもいいし、毎日練習しなくても、土曜日だけみんなで集まって練習するチームがあってもいい。そうやって、とりあえず先生たちを部活動から解放してあげて、教えることに集中できる環境を作ったほうがいい」

子どもたちにとって、学校の勉強や部活動での経験は、その後の長い人生を決定づける力を持っている。サッカーの才能を持った子どもが、サッカーの経験がほとんどない顧問の下で無意味なトレーニングを積む羽目になったり、音楽の大好きな子どもが、音楽の面白さを理解できない顧問と一緒に演奏会の準備をしたり、柔道に挑戦した子どもが、人格に問題を抱えた教師にうさぎ跳びを千回やらされてひざを痛めてしまったり。そんなことがあってはいけない。自分がどの学校へ割り振られ、どんな顧問に出会うのか、子どもたちは選べない。学校間の格差を減らし、それぞれの子どもの才能や興味に合った活動をもう少し慎重に準備してチャンスを与えていく必要がある。

子どもたちは、大人が思うよりずっと敏感に指導者の背中を見ている。大人が本物かどうかを見抜き、どれだけの情熱を持っているかを肌で感じとっている。教育現場にいる限り、大人はどんな事情があっても、疲れた顔や興味のなさや自信のない素振りを子どもたちに見せてはいけない。

少年院に入るまで話す相手がだれもいなかった、という子どもたちがいるのだと、山尾《やまお》しおり議員は話していた。犯罪を犯す子どもというのは、人との結びつきにすごく飢えている、と。

話を聞いてくれる人が子どもたちに必要ならば、「子どもの話を聞く人」を国が用意してあげればいい。夜勤で働く親もあれば、聞き下手な親もいる。すべての親が均一に成熟した寛大な精神で、子どもの話を受け止めて育てられるわけではない。世のなかにはいろいろな事情があって、その事情によって不足している部分がわかっているなら、そこは国や地域社会が埋め合わせていけばいい。そこで、学校に専門性のあるソーシャルワーカーを入れることを山内さんは提案している。心のケアというのは専門性が問われる分野で、人としても信頼のおける経験豊富な人たちに任せたほうがよいのだ、と。

「心理学やカウンセリングの知識がない先生に、何でもやらせるというのは無理なうえ、悪影響も多いですよね。そこは保健の先生のように、ソーシャルワーカーに任せるとか、プラスアルファでより専門性の高い人を置くべきだと思います」

サポートスタッフを増やし、教師の仕事が限定されれば、今度は教師の側も教えるプロとしてスキルを高めて、子どもに学力を植え付ける専門家としてレベルアップしていく必要がある。

現在の教員採用制度を改め、新卒の学生だけに限らず社会に一度出た人たちも含めて、厳しい審査に堪《た》えてでもどうしても教育に携《たずさ》わりたいという志の高い人たちだけが教師になれるシステムを作ったほうがいい。そして専門家として教育という学問を深め、技術を習い、しっかりと実習を積み、教える準備ができた段階で初めて教壇に立てるようにしていく。

より人格に優れ、目的意識を持ち、厳しいカリキュラムのもとで勉強して資格を得た教師であれば、生徒や地域社会からの信頼は深まり、教職に対する尊敬のまなざしもより熱いものになるだろう。

クソガキ

山尾さんは、義務教育の間に一年というまとまった期間ボランティアをさせ、人の役に立つことがすごくうれしいものだという経験をさせてはどうか、と言った。学校に居場所を見つけられない子に、学校以外の世界を見せてあげて「ありがとう」と言われる自分を見つけさせてあげたい、と。
子どもたちが学校という閉ざされた世界から出て何かを経験できるようにすることは、考え方としては正しい気がした。けれど私はボランティアという言葉に少し違和感を覚えた。ボランティアが学校教育のなかに組み込まれている限り、それは学校の外の世界ではなく、結局は学校のなかの世界の話で終わってしまう。学校に居場所を見つけられない子は、学校教育が用意する〝ボランティア〟の世界にもおそらく適合できない。それに、そもそも実際の世のなかは厳しくて、人の役になんてなかなか立てるものではない。

小学生のころ、何度も読み返した本の一つに『うわさのズッコケ株式会社』という作品があった。私は読書熱心な子どもではなかったし、ズッコケシリーズに熱狂していたわけでもない。けれど「株式会社」のエピソードだけは、暇があるとよくページを繰《く》っていた。小学生の少年三人が、株式会社を作り、クラスメイトから集めた出資金を元手に商売をする話。最初はおにぎりやジュースを販売するだけの小さかった商売が、徐々に規模を拡大し、ときには大量の在庫を抱えて悩みつつも、その過程でコスト意識が芽生え、ついには立派なラーメンまで販売し配当金を支払うに至る。小学生が大人のように仕事をしてカネ儲《もう》けをするストーリー展開に引き込まれた。これなら自分にもできるのではないか……、商品を仕入れ、値段を設定し、人が集まるところへ行って売りさばく。

その当時に抱いた妄想《もうそう》はリアルな危険性を帯びていて、とてもワクワクするものだった。そしてこの本を読んだ後となっては、もうおもちゃのお金も算数セットも、教科書に出てくる「おとなの仕事の話」の類《たぐ》いもすべて色あせてつまらなくなってしまった――生々しい社会のリスクが感じられなかったからだ。

学校は特殊な場所だった。子どもたちは、子どもらしく生きることをいつも求められてきた。子どもらしい書物を読み、子どもらしい質問をして、子どもらしい感情の起伏があって、子どもながらに一生懸命描いたように見える絵を描き、子どもらしい考えを年相応の文体で作文に書き、健全な未来を想像しながら子どもらしく努力している姿をわかりやすく表現し、「夢は必ずかなう」と信じているようなふりをする必要があった。社会や世界やカネや暴力や権力や貧乏や芸術や科学技術や経済動向や自然環境や労働基準法の知識に関して、先生の理解を上回ってはいけないし、興味の範《はん》疇《ちゅう》はいつも、子どものレベルに留《とど》めておく必要があった――かわいげのない子どもは嫌われてしまうからだ。

社会から、いつも子どもは遠ざけられた。学校は考えようによっては温かく、言いかえればぬるま湯だった。守られている安心感は、社会へ出たあとの自分をイメージできない不安感と一体だった。若いうちに、若さゆえの失敗が許される間に、もっとたくさん失敗をして、もっと労働の厳しさを知り、同時に自分の特技や集中力を発揮できる分野について、その魅力や仕組みを皮膚感覚で知っておきたかった。そして何よりも、大人の世界をのぞいてみたかった。

私は、小学校の中庭に置かれた小さなプランターのなかでいとも簡単に花をつけるアサガオの成長に感動できない子どもだった。けれどその一方で、畑で実を付けたへそ曲がりなスイカに対してひと夏を通して愛情を注ぐことはできた。それは祖母の畑に実ったスイカだった。

土地はやせていて、耕せばすぐに粘土層にぶつかり、草むしりをするたびにアリにかまれて手足がかぶれた。堆肥《たいひ》は臭く、鎌《かま》の扱いを間違えば指の先から流血し、鍬《くわ》を振ると必ず背中が痛くなった。栽培できる作物は限られ、せっかく実った野菜は虫に食われた。それでも私は畑が好きだった。力仕事を頑張ると、祖母はよく私をほめた。

「また体が丈夫になった。力が強くなった」と。

毎年、相対的に弱っていく祖母にいいところを見せたくて、私はやせ我慢をして固い土にショベルを突き立て、意地になって重い荷物を運んだ。祖母は、暇なクソガキをおだて仕事をさせることに長《た》けていた。そしてクソガキはいつも、祖母の畑で幸せだった。

学校の枠を超えた世界では、さまざまな可能性と困難が待っている。子どもたちは、そんな世界の存在に気付いているし、そんな世界に対して、少なくともある一定の興味と恐怖を抱いて生きている。けれど、そういった子どもたちの感覚に対して、学校に解決策を求めることはできない。学校は学校。あくまでも学力をつける場所として割り切り、それ以外の世のなかのことは社会のなかで学べばいい。早く社会を知りたい子どもには、世のなかの厳しさを身をもって体験できるように、仕事を手伝わせたり、その一部を任せたり、若いうちからインターンシップができるような機会を、企業や個々の大人が提供していけばいい。

粘土まじりの畑を耕す難しさや、やせた土地でも立派に育つイモ類の強さ、的が外れてラーメンの在庫をたくさん抱える大変さや、その在庫をさばく起死回生の一打を見つける面白さを、子どものころにどこかのタイミングで体験できれば、子どもたちは価値観の多様性や社会の厳しさに気づき、世界観は広がり、もっと主体性を持って将来を設計しはじめるかもしれない。

そして畑の老婆は、その子の勉強の得意不得意に関係なく、学校での評判がよいか悪いかにも関係なく、大事な苗を雑草と間違えて引き抜いてしまった子どもを叱《しか》り、筋肉痛になった背中をやさしくさすってくれるだろう。

フラットな教育機会

義務教育を充実させ、子どもたちに公平なスタートラインを提供すると同時に、その後に続く高校や大学での教育についても、機会の公平性を追求していく必要がある。特に、人口減少時代に入った現在は、国民一人一人の質を高められるような教育システムが求められている。人的資源の潜在能力を総体的に高めていくために、やるべきことは二つある。

拾うことと、捨てること。

本当は能力や熱意があるにもかかわらず、親の経済力がないために勉強の機会が奪われる若者の数を、まずはゼロにする。反対に、能力も熱意もないにもかかわらず、親に経済力があるというだけで大学に入り社会へ出ていくような若者の数もゼロにする。この二つを同時に進めていかなければ、人材の底上げにはならない。

まずは「公平に拾う」ために、小川淳也《おがわじゅんや》議員は、高校の無償化に加え、大学も無償に近づけたいと話した。

「たとえば、日本の大学の授業料は国立が年間五十万。私立に行くと平均で八十万。

フランスの場合なら、国立大学の授業料は一万円で済むわけです。それじゃあ、日本の大学の授業料を一万円にするためにどれくらいかかるかと計算すると、一兆円くらい。消費税にして約〇・三パーセントです。今、千円の買い物をしたときに消費税五パーセントで千五十円払っていますが、これを千五十三円払ってくださいと。これで高等教育をほとんど無料に近い形にできます、と言えば、大半の人はNOとは言わないと思います。それによって、あらゆる境遇に生まれ育った子どもたちの可能性の芽を摘まず、開花させる道を用意する。教育費の個人負担を大幅に引き下げて社会全体で負担することで、社会の可能性を伸ばすことができるはずです」

そしてもう一つは「公平に捨てる」こと。つまり、親にお金があろうと無かろうと、真剣に勉強に取り組まない人は卒業できない仕組みに作り替え、高卒や大卒という肩書の価値を公正に高めていったほうがいい。

教育のフラット化によって、すべての若者にチャンスを与え、彼らが同じスタートラインに立ち公平な勝負ができるように、国はその環境を整えなくてはいけない。

第七章

セルフスタート

小学生のころ、私は体育の次に図工の時間が大好きだった。その日、図工の授業のなかで、私は色紙とクーピーを使って自分の絵本を作っていた。ストーリーの主人公は、ある大金持ちのおばあさんで、おばあさんは可愛いワンちゃんを一匹飼っていた。おばあさんの豪邸とワンちゃんの犬小屋には、色紙で作った素敵な窓や扉がちゃんとついていた――まるで飛び出す絵本のように。おばあさんはステーキをいっぱい食べて、ワンちゃんは犬用高級缶詰のペディグリーチャムを毎日食べていた。

それは私の夢だった。いつか大金持ちのおばあさんになったら……、当時家で飼っていた雑種の愛犬の誕生日やクリスマスに、ペディグリーチャムをお腹いっぱい食べさせたいと思っていたからだ。おばあさんは、飛行機に乗って世界中を旅行した。それからスペースシャトルに乗って宇宙へも行ってきた。私は飛行機と地球とスペースシャトルと宇宙の絵を描いた。そして宇宙旅行が終わったら、次は何をすればいいのだろうかと考えた。小学生の私には、宇宙旅行を超える贅沢がすぐに思いつかなかったからだ。

「おばあさんは、ほかにやることが何もなくなってしまいました。おばあさんは、まだ一度も死んだことがないと思いつきました。そこでおばあさんは、死にました」

おばあさんが包丁をノドに突き刺す絵を描き、ノド元を赤いクーピーで出血させて、私は絵本を作り終えた。

ふがいない世代

二〇〇四年夏、私は新宿にある大手百貨店で販売員の仕事をしていた。その年の春までアメリカで勤務していた高級ブランド会社の新宿店での業務で、福利厚生が一応ついたフルタイムの社員としての仕事だった。給料は安かったものの、私はすぐに契約書にサインして働きはじめた——帰国後すぐ東京へ出てアパートを借りるためには、賃貸契約書の勤め先の欄を「会社名」でとにかく埋める必要があったからだ。給料は月に十六万円で、手取りにすると十二万円だった。

生活に余裕はなく、とてもじゃないが〝まったり〟と生きられるような気分ではなかった。私は毎日ワーキングしているにもかかわらず、どう考えても暮らしはプアだった――高望みしてはいけないと、政治家は言っていたけれど……。

冷蔵庫を買い、電子レンジを手に入れ、要らなくなった家具を知人の家にもらいに行った。洗濯機を買う資金がなかなか貯《た》まらず、いつもユニットバスのなかが洗濯機の代わりだった。同僚はみんないい人ばかりで、古着や小物を譲ってくれたり、社食の食券をプレゼントしてくれたりした。みんな仕事熱心で明るくて、いつも親切に助けてくれた。私は二十五歳になった。猛暑の夏、アパートのあった埼玉県は史上最高気温とやらを更新し続けた。扇風機はなかった。冷房はついていたものの、それを一度も使うことなく、夜間は窓を閉め切った鉄筋コンクリートの一室で息苦しいひと夏を乗り切ると、体重が四キロ落ちてスリムになった。そしてときどき、実家から電話があった。

「いつになったらその仕事を辞めるのか」

私は、できるだけ早く辞めると答えた。

働きはじめて半年後、私は次の仕事に移った。千駄《せんだ》ヶ谷《がや》にあるオフィスでの仕事で、待遇は随分とよくなった。月給は約二十八万円になり、毎月の銀行口座には二十四万円が振り込まれた。生活は次第に安定し、本を買ったり映画を見たり、職場の人とご飯を食べたり、音楽を楽しむ余裕もできた。そして毎月確実に十万円は貯金した。そして実家からときどき電話があった。

「いつまでその会社で働く気なのか」

私は、そのうち辞めると答え、電話を切った。

親の世代が生きてきた成長期の基準で言えば、私の勤め先は不本意に小さな会社だった。私の稼ぎは、裏切りに近い低額だった。大学を出た人間として、その職歴は罪深いほど見栄えが悪く、きっと恥じるべきものに違いなかった。成長期の次世代の人間として、さらに大きな期待を背負って生まれてきたはずだったのに。

戦後世代は、敗戦後の焼け野原から高度経済成長期に入り、国を建て直し、大変立派に、しかも意欲的にひたすら上昇し続けた。高卒の親は、子どもを大学へやるために努力したし、大卒の親は子どもに対して自分よりさらにいい大学や大学院への進学を望んだ。親よりもいい学校、親よりも立派な仕事、もっと強い経済と、もっと快適で豊かな暮らし。そうやって、より大きなドリームを私たちはかなえるはずだった。けれど、さらなる飛躍を遂げるはずの世代は、バブルの崩壊とともに失速し、そのままズルズル転落を続けた。高校を卒業しただけでは生きていくのは大変になった。大学を卒業することが特別なことではなくなった。大学院を出た人は、仕事がなくて路頭に迷った。一旦仕事に就いたとしても、リストラも倒産も普通になった。成長期世代が生み出した世代は、さらなる成長を遂げるのではなく、不景気と人口減少と消費縮小が加速する社会のなかで、老人介護の任務を負った。そして、ただ落ちていくだけの〝ふがいない世代〟に対して、成長期世代はいらだち、傾いていく経済に焦り、好転しない景気に表情を曇らせた。自分の子どもが地位を下げ、収入を減らし、暮らしの質を維持できない様を恥じ、現状をあの手この手で隠蔽《いんぺい》しながら。その間も、好景気なんて一度も経験したことのない〝ふがいない世代〟は、ただじっと、ずっと、淡々と静かに生きている。

茨《いばら》の道

高校三年生の秋は、土曜日のない秋だった。私や学校の同級生は毎週末学校へ行き、全国統一模擬試験を狂ったように繰り返し受けていた。その日もまた土曜日で、私は教室のいつもの席で試験問題を机に広げて窓の外を見ていた。窓の外には背の高い木々が、色変わりを始めた葉を付けて心地よさそうに揺れていた。私は勉強が得意でなかった。勉強ができない高校生が土曜日に学校へやってきて、模擬試験の答案用紙を必死になって埋めたところで、きっと面白い人生なんて開けてこないような気がした。私は十八歳で、その日は確かに土曜日で、窓の外には紅葉があって、葉っぱがサラサラ揺れていた。それは強い誘惑だった。私はすべての答案用紙に自分の名前だけ書き込んで、回答欄は一つも埋めずに空白のまま提出した。

しばらくすると私の手元に試験結果が戻ってきた。私は全教科で零点を取った。全学年で最下位を取った。全国で最後尾につけた。学校別の平均点を著しく低下させみんなの足を引っ張って、先生たちの恨みを買った――申し訳ない。そして、全国には私と同じように零点を取った人たちが、各教科とも数人は必ずいることが判明し、会ったこともない零点仲間たちに私は妙な親近感まで覚えた。特に数学が多かった。私はその試験結果を家に持ち帰り、勉強机の引き出しに大切に仕舞った。そして日本を出ることに決めた。私はある先生に、その決断を話した。先生は私から目をそらした。その後、私が先生にあいさつをしても、先生はあいさつをしてくれなくなった。

高校を卒業してからは、多くの時間を海外で過ごした。そして十年ぶりに日本へ戻ると、上の世代の人々が突然話しかけてきた。

「最近の若い者たちは内向き志向というか、海外へも行きたがらないんですよ。狭い世界だけに閉じこもってしまってリスクを負わないし挑戦もしない。どうしてですかねぇ」

私はそう訊《き》かれるたびに、その答えを知っているのは私ではなく、質問者本人たちではないかといつも思った。外へ飛び出さず、リスクを負わず、挑戦をせずに生きてきたからこそ、その人たちは今、私の目の前で立派な装いをして安心して暮らしているのではないか、と。そして、海外へ行かずリスクを負わない選択をしている多くの若い人たちは、きっと世のなかの仕組みをよく理解し、可能な限り失敗を遠ざけ、適切な判断を下している賢い人たちに違いない。

やみくもに海外へ飛び出し挑戦なんてしてしまったら、歪《いびつ》に硬直した日本社会のなかでは、一斉就職に乗り遅れ、人生の設計が狂い、いつも危機と隣り合わせで暮らしは不安定を極め、世間から冷たい目で見られたり見下されたり、惨《みじ》めな思いだってたくさんする。社会の群れからはぐれたままアパートの契約を断られ、クレジットカードも作れず、身分照会を求められるたびにビクビクしながら生きていかなくてはならない。海外でトラブルに巻き込まれれば、日本での社会生命はほぼ絶たれてしまうと思ったほうがいい。そして何より先生は、あなたから目をそらし無視するだろう。

最近の若い人たちだけが突然挑戦をやめたのではなく、挑戦しなかったおかげで成功と安定を勝ち取ってきた世代の背中を見て、若い世代はただ同じようにしているだけにすぎない。

けれど一つ、時代だけが変わった。硬直し続ける社会システムの内部で、安定神話だけが崩れはじめた。

日本で過ごした学生時代を通じて、私は基本的に教師が好きではなかったし、教師の語る言葉をあまり信用していなかった。けれど一人だけ面白い先生がいて、幸運にもその先生は、高校三年生のときのクラスの担任だった。先生は、ほとんどが男性教師で占められていた高校のなかの数少ない女性教師の一人で、うわさではシングルマザーということだった——本当かどうかは知らない。先生は堂々としていた。何を考えているのかさっぱりわからない感じと、サバサバした雰囲気に好感が持てた。先生の進路指導は大雑把《おおざっぱ》だった。ほかの教育熱心な先生たちが過去の受験データを駆使し、神経性胃炎の塊《かたまり》のような顔でコンピューターから正確な数字を導き出して、生徒たちを指導している間も、私の先生の周りにはいつも逆回転の清々《すがすが》しい風だけが吹いていた。進学に熱心だった一部の生徒は、先生の指導の仕方を〝勘ピューター〟と揶揄《やゆ》してその手腕を不安がった。

私は勘ピューターという言葉が気に入った。これから手探りで人生の道を切り開こうとするときに、コンピューターも正確なデータも、へったくれもないという気分だったからだ。私は、勘と、知恵と、体力だけを頼りに、好き勝手に生きていくつもりだった。

ある日、職員室で先生との二者面談に臨んだ。私は、大学受験をしないことと海外へ行くという希望を、ボソボソッと話した。

「はい！　行きなさい。どこへでも、好きなところへ行きなさい」

先生は明るく言い放った。そして突然、あなた武満徹《たけみつとおる》さんって知ってる？　と訊いてきたのだ。

「はい？　あの作曲家の、武満さんですか？」

「そうそう！　武満さんの言葉に素敵なのがあってねえ、『人生は何度転んでもいいのよ、そこからもう一度立ち上がってくる勇気さえ持っていれば』っていう。うん。この言葉をあなたに贈ります」

先生の進路指導は、終始こんな感じだった。そしてその言葉は、将来に対する漠然とした不安を抱えた高校生にかけるべき極めて適切なもののような気がした。

「これからあなたが進む道は、茨の道です。失敗も、苦しいことも、いっぱいあるでしょう。覚悟してください。ただし、その道をよそ見せずにず〜っと真っ直ぐ突き進めば、あなたの三十代、きっと素晴らしい人生が開けてくるでしょう」

さすが先生は勘ピューターだった。先生の予言は半分正しく、半分間違っていた。先生の予言通り、十代の終わりから二十代にかけての道は、疑いようのない茨の道だった。踏んだり蹴《け》ったりの、ボコボコにやられっぱなしの、とんでもない道だった。

けれどその茨の道は二十代だけに限らず、今も、これからも、終わることなく続いていく。そして約束の素晴らしい人生はと言えば、三十代から突然開きはじめたわけではなく、もう日本を出ていったあの日から、ず〜っと開きっ放しでいる。

初めの一歩

アメリカで大学生をやっていたころ、私が学んだ舞台芸術学部は、致命的な問題を一つ抱えていた。それは、卒業生の進路が定まらないという問題だった。創造の世界なんてあまりに抽象的すぎて、就職に不利になるのはもちろんのこと、どういう状態をもってして就職したといえるのかその定義さえあいまいで、そもそも就職という概念すらないような学部だった。

この世界で職業として芸術に関《かか》われる人の数はごくわずかに限られていて、そんなことは重々承知で、けれど芸術へのあこがれをどうしてもあきらめられない学生たちが「将来が最も不安定な学部」へ吸い寄せられ、一生懸命勉強していた。

この先どうやって、どこへ行き、何をすれば、創造の世界に踏みとどまり生き延びていけるのか、それは学生にとっても先生たちにとっても極めて答えの出しづらい悩ましい課題だった。卒業生の大半が、学校で学んだ知識や技術をほとんど生かす機会もないまま、芸術の世界から遠ざかっていく。

三回生の春学期に、私はある面白いクラスを履修した。「セルフスターティング」と呼ばれる授業で、文字通り、「自ら何かを始めること」を勉強するというクラスだった。担当の先生は日系アメリカ人の女優で、ブロードウェイのステージに立ったり、ハリウッドでテレビドラマやＣＭに出たりして生計を立てている人だった。先生は美しかった。肉体は鍛えられ、恐ろしく魅力的な声をしていた。先生が教室へ現れると、学生たちは先生の洗練された身のこなしに見とれ、その声に聞き入り我を忘れた――男の子も女の子も。もちろん私も例外ではなく。

「あなたたち、生きていくためには、お金が要るのよ」

と、ある日先生は私たちに言った。

お金が要るのよ……お金が要るのよ……お金が要るのよ……。私はその言葉を反芻《はんすう》し突如われに返ると、ポカンと開けていた口を閉じ静かに居住まいを正した。確かに先生は正しかった。美しい先生にただ見とれ妄想《もうそう》を膨らませているだけでは、問題は何一つ解決しないし、私たちは卒業したあと、路頭に迷うことになる。ぶっちゃけた話としてカネが要った。

「現実の世界はそれなりに厳しい。現実というのは、お金を稼いで生きていくことなの。みんなには夢があるし、才能だってきっとある。だけどね、この世界で生き延びていけるかどうかは、むしろ経済的な問題をどう解決して、どんな戦略を立ててキャリアを積んでいくかにかかっている。お金がなくては、オーディションに行くためのガソリン代だって払えないのよ。わかる？」

先生は現実的だった。オーディションやロケを理由に、クラスに来ないこともときどきあった。けれどそれは、彼女がプロとして業界で生き延び、キャリアを積んでいる証拠と言えた。彼女のアドバイスのなかには、夢を追いかけるために必要な具体策が詰まっていた。

「何が本当にやりたいのかを見極めて、自分をどう売り込めばいいのかを考えること。戦略を立て、自分に必要な要素を割り出し、自ら行動を起こさなくてはいけない。待っていてもチャンスは来ないし、想像しているだけでは生活に追われているうちに目標を見失ってしまう。ねえ、みんなは今、どれくらいの貯金があって、どれくらいの借金があって、どんな特技があって、それがどのくらい通用して、卒業したあとにどうやってお金を稼いで何をやって生きていくのか、ちゃんとわかっているかしら？」

学生たちは教室の床にクレジットカードを並べて、どうやって借金を減らせばいいか、生活を維持しながらオーディションや面接に行く費用をどうやって捻出《ねんしゅつ》すればいいかをとても真剣に話しあった。そして、どんな方向でキャリアを組み立て、人生を設計すべきかについて現実的に考えた。テレビへ行くのか、ステージをやるのか、舞台大工になるのかデザインするのか、演出するのかシナリオを書くのか、歌うのか踊るのかコメディーがいいのか悪役なのか。仕事の契約を取るためにどう売り込むべきかを考えた。みんながロミオやジュリエットになり、それだけで一生食べていくのは当然ながら不可能だった。

契約が取れるようになるまでは、副業で生き延びることも重要だった。昼間に面接に行ったり薄給のロケに参加したりするなら、夜間働く必要があった。自分で小さなお店を持ったり、フリーランスのコーチングをしたり、プログラミングが得意な人なら、空いた時間にそれをやったりして、とにかく生活していく。歌が得意でピアノが弾ける学生なら、どこかのバーへ自分を売り込み、そこからキャリアを始めてもいい。

実際に、授業のなかでは投資についても議論があった。要するに、株でも歌でも何でもいいから持てる力をフル活用し、お金と時間を作り出し、泥臭く業界を生き抜いていかなくてはならない。必要なのは単なる理想ではなく、妄想でもなく、最終的な目標へ向けた実用的な対応だった。

私たちはそれぞれが、自分に見合った進路を定め、具体的な行動を模索した。それを発見することが、そのクラスの課題だった。

中間発表が近づくと、私は憂鬱《ゆううつ》な気分に陥った。自分の未来を想像すると、一体どこからどうやって何に手をつければよいのやら、わけがわからなくなってしまった。学校で勉強したことを仕事のなかで活用し、その分野で生き延びていくには、私の技能はすべてがあまりにも低レベルで絶望的な状況と言えた。ハツラツとしたまわりの学生の自信あふれる態度に対して、私は言葉も下手くそでおとなしすぎる学生だった。社会に出て面接をこなし業界で自分を売り込んでいくには、自己表現力に乏しく気持ちの面でも負けていた。

私は毎日学校へ行き、日によってはだれとも話すことなく、ただ黙々と舞台装置にペンキを塗って帰ってくるような学生だった。ローラーでペンキを塗っているといつも心が落ち着いた。けれど同時に虚《むな》しくなった——私は一生こうやってペンキだけを塗り続け、生きていきたいのだろうか、と。

中間発表の日が来ると、私はみんなの前に立ち「スタート計画」を発表した。まさか小学生でもあるまいし……、と己《おのれ》に深く失望しながら、けれどクラス中の学生に向かってこう言った。

「私のスタート計画は、人とコミュニケーションをとることです。今日から私は、どんなにマヌケなことでもいいから、毎日授業で一回は必ず言葉を発します。そして人と会ったら、自分から話しかけたいと思います」

そのまま教室の後ろのドアから逃げ出してしまいたいと思うほど、恥ずかしい発表会だった。

期末発表が近づくと、また新しい「スタート計画」を考えなくてはいけなくなった。今度はもっと具体的に、卒業後に直面することになる問題について考えた。

私にはまず、ビザがなかった。アメリカで仕事を探したりお金を稼いだりするために、ビザがないということは、どうしようもなく厄介な問題だった。ビザがないと仕事が探せないのに、仕事がないとビザが得られない。鶏が先か卵が先かの堂々巡りになってしまった。そもそも芸術の分野にいる限り就労ビザも永住権も取得するのは困難を極める。だからといって分野を変えて、資格をいくつか取り直し、ビザサポートが受けやすい分野へ一般就職してしまえば、芸術の世界とは一切手を切ることになるかもしれない。それはとても寂しくて、あまりにも残念な選択だった。私は日本の外にいて経済活動をし、それでいて表現活動にどうにか首を突っ込んで生きていけないかと考えていた。アメリカを含む日本以外の国々で、就労ビザの有無に関係なく経済活動をするために、どうすべきかを考えた。オンラインの仕事を探したり、国の枠を超えた職種についてあれやこれやと調べに出かけたりした。そして発表の日が来ると、私は計画を話した。

「私は今日から、本を書こうと思います。アメリカで本を書いて、それを日本で売ることができれば、就労ビザがなくても収入が得られると思います。書きたいテーマはたくさんあるし、パソコンさえ持っていれば、ほとんど初期投資の必要もなく海外で仕事が始められます。これが私のスタートです」

私は家に帰ると、ルームメイトを通じてWindows XPのソフトを格安で手に入れ、Compaqのパソコンにインストールした。キーボードをたたくと、それまで英語しか打てなかったパソコンの画面に日本語の文字がぎこちなく現れ、妙に胸が騒いだ。

ステップbyステップ

アメリカで二年制大学へ通っていたころ、私の同期にもう一人だけ日本からの留学生がいた。彼女は、入学後最初の学期だけキャンパス内の学生寮の私の真向かいの部屋に住んでいた。彼女は頭もよかったし、とても勉強熱心で、数学やそのほかのあらゆる教科ですべてトップクラスだった。英語のクラスのエッセイでさえ、アメリカ人のクラスメイトを追い抜かし、引き離し、クラスで満点をとれるのは彼女しかいない状況になり、彼女が満点を取り損なうと、その回のエッセイは満点者ゼロという結果になった。

ほぼ完璧《かんぺき》と言える成績で二年制大学を卒業すると、彼女はあっという間に名門大の三回生へビジネス経済専攻で編入を決めた。私は普通の成績を収め、普通の大学の三回生へペンキを塗りに行くことにした。そしてそれぞれの大学で一学期目が過ぎたころ、私たちは久々に彼女の車で外出し、ショッピングモールの駐車場へ車を停《と》めて話し込んだ。すると彼女の口からは、意外にも消極的な言葉がポツリポツリとこぼれ出てきた。

彼女が本当にやりたいことはビジネスや経済なんかではなく、保育や看護の仕事であって、彼女が本当に居るべき場所はロスの名門大ではなかった。子どもの世話をすることや患者の面倒をみることが、高校時代に思い描いた彼女の本当の夢だった。けれど彼女はロスにいた――保育士や看護師になる夢を両親は受け入れられないだろうから、と。

「もう、ダメかもしれないと思って……」

彼女はそんな言葉をつぶやき、ほどなくして退学すると荷物をまとめて帰国した。とても優秀でありながら高卒という学歴になった彼女の両目に、当時の日本社会がどのように映ったかはわからない。けれど、いずれにせよ彼女の人生は明らかにレールから外れ、彼女は自力で人生を立て直さなくてはいけなくなった。

ロスにいたころに生じた精神的な歯車の狂いは、帰国してから悪化した。彼女は心の病と闘い、パートの仕事で収入を得ながら保育士の資格を取得した。そのころ受け取った手紙には、やっとやりたいことができるので頑張《がんば》りたい、と喜びの言葉が書かれていたが、行間からは大きな気負いが感じられた。そして、彼女から届く手紙は「頑張り」の度合いをどんどん強めていった――「頑張る」という言葉以外は、使ってはいけないゲームのように。

ある時期を境に、今度は返事が来なくなった。毎年、年の瀬が近づくと、私は一枚のハガキを取り出しペンを握って考えた。どんなことを書けばいいのか、何を書いてはいけないのかが、私にはよくわからなかった。元気ですか？　と彼女に訊《き》くのは、ほとんど無意味な気がしたし、頑張ってね、という励ましの言葉にも的外れな響きしかなかった――彼女は猛烈に頑張りすぎて心の病にかかっているのだ。結局、何を書いたのかは覚えていない。ただ、唯一の純粋な気持ちとして、また今度会えるのを楽しみにしている、と言葉を結んでポストに入れた。

連絡が来なくなっていたころ、彼女はうつ病のどん底にいた。保育士の仕事が続けられない状態になり、精神の病と闘いながら入退院を繰り返した。睡眠薬一瓶百二十錠を一晩で全部飲みほして、気を失って病院で目覚めた。それでも彼女はまた資格を取った。今度は介護分野の資格だった。そしてある冬の日に、私は実に数年ぶりに彼女からの手紙を受け取った。数枚つづりの長文の手紙は、ずいぶんとちっちゃく折りたたまれて、普通サイズの封筒に不思議な膨らみを与えていた。私はその手紙を、ゆっくりと、丁寧《ていねい》に読んだ。

うつ病との闘いは、想像を絶するものだった。

その手紙以来、彼女からときどき連絡がくるようになった。昼間は介護の仕事をし、帰宅してから少しだけ眠り、夜中は看護学校へ行くための受験勉強をやっている。メールにはそう書かれていた。

そして一年が過ぎたころ、彼女から合格したとの連絡を受け私は彼女に会いに行った。待ち合わせ場所へ向かう電車のなかで、私は小さく折りたたまれたあの手紙のことを考えていた――彼女はどんな状態で私の前へ現れるのだろうか、と。

彼女は、私が心配したよりもずっと元気そうだった。それは元気すぎる元気ではなく、ほどよく力が抜けた元気で、私は少しほっとした。彼女は介護の仕事を続けながら、これから看護学校へ通いはじめる。もうふっきれたよ、と彼女は言った。

「ずいぶんバカなこともしたけど、やっとここまで来たって感じ。これからは、二十歳くらいのピチピチの若者のなかに、おばさん一人交じって勉強するの。でも本当にやりたいことだし目標もはっきりしてるから、もう迷うこともないと思うし、歳《とし》のことも全然気にしてない」

そして彼女は、介護の仕事が好きだったのだ、と言った。

「だけど、介護士の資格だけではできることが限られていて、床ずれの患者がいたとしても私の権限で処置できない。だったらもっとスキルアップして、自分にできる仕事の範囲を広げていきたいと思ってね。保育の仕事は、人間関係の問題や音楽が得意じゃないこともあって続けられなくなったけど、もちろん今でも子どもは好きだし、将来は保育士の資格も生かして小児科で仕事ができるかもしれない」

あまり頑張りすぎないように、と私は彼女にくぎを刺し、まあ確かに、まだまだこれからもどうなっていくかはわからないよ、と彼女はさわやかな笑《え》みを浮かべ、二杯目の中ジョッキを空にした。


たまに彼女からくるメールには「まあ、ぼちぼちやっているよ〜」と書かれている。ぼちぼち、というのがたまらなくイイ。

人生にはさまざまなことが起きるし、環境もいろいろ変化する。それは特別なことでもなければ決して異常なことでもない。高校時代に決めた進路を、一生一度も迷うことなく完璧に生き切れる人なんて少数派かもしれない。

昔、大学の学食で、舞台芸術学部の学生に卒業後の進路を訊いたことがあった。「メディカルスクールへこのあと行くの」と、彼女はサラリと答えた。「メディカル」という名の芸大なんて聞いたことがないなと、私は首を傾《かし》げた。もちろんそんな芸大はなく、彼女は医学部へ行った——舞台芸術を大学で学び、お医者さんになったのだった。

職業選択や進路変更をもっと自由で柔軟にしていく一例として、山内康一《やまうちこういち》議員はある構想を語りはじめた。

「専門的な知識や技術を持つ、専門／認定看護師の制度ができましたが、さらに踏み込んで、メディカルスクール構想を考えています。アメリカのように、たとえば薬剤師さんや看護師さんが、途中からメディカルスクールへ行けばお医者さんになれるような道を作ることです。一度現場で看護師や薬剤師を経験した上で、医者になりたいと思う人もいると思いますが、六年分最初から行き直すのは大変なので、三年だけメディカルスクールで勉強すればなれますよ、というふうにしたい」

それから、医師になる道を多様化する方法として、より新しい選考基準を取り入れていく案も付け加えられた。

「学校の勉強ができる人しか医者になれないのかというと、必ずしもそんなことはないと思います。テストの点が高いかどうかという判断基準だけで医者になる人を選ぶのではなく、違う基準を作り、『人のためになりたい』と考えるような医師をもっと増やしていきたい」

その新しい基準は、私のイメージのなかで看護師を目指す友人の新しい挑戦に結びついた。介護分野での経験から床ずれの患者を助けたいと思い看護師の勉強を始めた彼女の気持ちや、子どもが好きだからこそ小児科で働きたいという彼女の思いが尊重され、その道がよりスムーズに開けていくことを願わずにはいられない。

そして山内さんは、十八歳で決めた人生を一生生きるというのはなかなか難しい、と言った。

「僕だって、まさか国会議員になるなんて思ってなかったですから」

答えのない時代

勤めていた千駄ヶ谷の会社は、私が二年間の旅行を終えて二〇〇八年に日本へ戻ったあと、リーマンショックの混乱のなかで倒産した。

変化の激しい社会では、市場は会社の存続を保障できないし、会社は個人を保障できない。こんな時代を生き抜くために、若者はどんな教育を受けるべきなのか。その答えを見つけ出す作業は予想以上に難航した。まず、考えるきっかけとなったのは、職業高校に関する山内さんの話だった。

「普通科高校の場合、大学進学組はいいですが、問題は大学へ行かない普通科高校の生徒たちです。彼らは就職するときにすごく不利になる。特別なスキルがありませんから。だから、商業高校や工業高校の卒業生と、進学校でない普通科高校の子どもを比べると、ニートやフリーターになる率は、後者が顕著に多いんですよね。工業高校や商業高校の生徒のほうが職業意識を持って、そのあとちゃんと正社員でずっと勤められる子が多いわけです。だから、むしろこれからは美容師や調理師になるための職業高校などを作ってもいいと思います。あまり勉強が得意でない子に無理やり勉強をやらせて、手に職もつけさせないまま社会に放りだすのは残酷です」

職業高校を充実させる考えは、確かに一つの解決策となるような気がした。まったくスキルがないよりは、何か一つでも手に職をつければ、それが就職に結びついていく可能性はある。けれど一方で、商業高校、工業高校、それから高等専門学校を出た生徒たちの就職事情も、いずれにせよ厳しさを増しているという現状がある。さらに、たとえば現在ある民間の美容師専門学校を卒業して美容師になれたとしても、業界の平均年収は二百九十万円程度と厳しい。山内さんが言うように、美容師訓練高校を作ったとして、若者たちの就職や経済基盤を安定させる助けになるかと言えば、あまりならないような気がした。もちろん、何もないよりはマシかもしれないけれど……。

ある金曜日の夜、関西で仕事をしたついでに高校時代のクラスメイトと会うことになった。彼女と顔を合わすのは、卒業以来十数年ぶりのことだった。彼女は二十代で転職を経験し、今は大阪のベンチャー企業で人材育成や職業能力開発などを手がけ、忙しそうに働いている。私は彼女の姿を見つけると、う〜ん全然変わってない、とありきたりの本音を言った。

「いや、変わったと思うけどな。少なくとも、高校のころよりは今のほうが明るくなってるはず。って言うのも変やけど」

私は高校時代の彼女を思い浮かべたが、今さら明るくならなければいけないほど高校時代の彼女は暗い生徒ではなかった。

私たちは居酒屋のカウンターでビールを頼み、とりあえず再会を祝ってから、あとはずっとしゃべり続けた。そして仕事の話をしているうちに、彼女がこんなことを言った。

「だいたい今って、職業訓練してもアカンと思う」

「えっ、何がアカンの？」

「職業訓練ってちょっと違っててさあ、今求められてるのって、たとえば一つの技術と別の技術を組み合わせる能力とか、技術を使って自分で新しく何かするとか、そっちのほうやと思う。手に職をつけるとかって一昔前にはよく言うてたけど、それだけでは厳しい。もうそういう考えではやっていけへんよ」

彼女は、調理師の例を引き合いに出し、その人にしかできないオリジナルの味付けやコーディネイトセンスを身につけるレベルまで上り詰めない限り、基礎的なスキルを習得した程度では生きていけないのではないか、と言った。

「調理学校で包丁の使い方を勉強してきましたって言っても、たとえば、じゃがいもやニンジンを切るぐらいのことなら、ほかにも代わりがいるし、それこそ必要なときだけ日雇い派遣のおばさんとか集めてきて野菜を切ってもらえばいいってことになる」

そして、コストを削減するためなら、日本でわざわざ高いお金を払って野菜を切ってもらわなくても、その部分だけは海外にアウトソーシングしてしまえるような時代だと言った。そもそも野菜を切るくらいなら、機械が全部やってくれる。単純労働者を必要としない産業の無人化がどんどん進んでいるのだ。その傾向は野菜に限らず、あらゆる分野のさまざまな部分で進行している。

「今って、どこも中抜きやから。ブランド名は日本でも、生産も製造も梱包《こんぽう》も、やってるのは海外の労働者。日本の人件費の高さを考えたら、企業も生き残るためにはそうなってしまう」

それでもまだ私は、商業高校で簿記の資格を取ったり、工業高校でCADの操作を学んだり、職業訓練校でウェブデザインを学ぶことには、一定の価値があるはずだと言った。彼女は、う〜ん、まあ確かに、どうしたらええんかはわからんけど……、と続けた。

「たとえば簿記の資格とかって、大卒のOLが片手間で勉強しても取れるし、会社が必要とする経理のポジションって数が決まってるから、みんなが頑張って簿記を勉強しても、その人たちを吸収できる雇用がない。競争が余計に激しくなってしまう。それに、そういう部門だって、どこかの専門会社に一括でアウトソーシングできてしまうから」

〝手に職をつける〟という文脈で語られるような、いわゆる職業高校や訓練校で身につく技術は、医者や公認会計士とは違い、比較的容易に機械に取って代わられ、海外の労働者を含め、だれにでもできるようになってしまうものも多い。それに、雇用のニーズも変化が激しく、せっかく学んだ技術が、いざ社会に出るころにはブームが去ってしまっていたり、希望者が殺到してポジションが飽和状態になってしまうこともある。美容師や調理学校を出たとしても、その業界で生き残れない大半の人は、結局また別の選択を迫られることになる。では、今の若い人たちは一体どうすれば生きていけるのか、社会はどんな教育システムを提供していくべきなのか……。私はくる日もくる日も、どうしたらよいものかと考えた。ずっと考え続けたにもかかわらず、明快な答えは見つけられなかった。そしてようやく一つ気がついたことは、〝明快な答えなどない時代を生きている〟という事実だった。

残酷

先の見えない厳しい時代を私たちは生きている。そんな大変な時代に、スキルもないまま社会へ出れば、それこそ、山内さんが言う「残酷」な状況が待っているに違いない。山内さんが言うように、スキルはもちろん必要になるし、トレーニングを積む場所が重要なことに変わりはない。ただし、それだけでは、今の複雑な世のなかに完全に対応することはできない。まず、市場の変化が速すぎて、身につけたスキルが役立たなくなる可能性がある。さらに、本人のやる気の問題もある。

大学進学をしない普通科高校の生徒を職業高校へ送り込んだからといって、彼らが真面目《まじめ》に勉強し就職できるかはわからない。結局のところ、本人にやる気があれば、普通科であれ職業高校であれ、道はある程度開けるし、本人にその気がなければやっぱり道は開けない。そして問題は、高校という若い時期に、勉強や技術を取得することの重要性に気づかない人がたくさんいるということなのだ。それは大学生にも当てはまる。ただし、彼らが一生そのまま重要性に気づかないかと言えばもちろんそんなことはない。あとあとになって、特に社会に出たあとで、勉強の大切さや技術の必要性に気づくことはよくある。けれど日本の社会では、本人のやる気のスイッチが入ったときには、もう手遅れになっているケースが多い。

高校入試も大学入試も、進路決定も就職も、日本は何もかもみんなと一緒に、一斉に行う慣習がある。ほとんどすべてが一発勝負の硬直したシステムになっている。すべて一発で人生を決めて生きていける人がいる一方で、勝負に敗れてしまう人や、進んだ道を後悔しやり直したいと感じる人もいる。高校や大学を中退したあとにフリーター生活の虚《むな》しさを知り、あるいは社会生活の厳しさを知り、もっと勉強しておけばよかったと後ろを振り返る人もいる。

この世のなかは残酷で、その事実に偽りはなく、政府が若者に訓練を割り振り職業を指導したからといって、だれもがうまく「残酷」を回避できるわけではない。とりあえず残酷な世のなかに出て力不足を痛感し、そこから本人の意志で立ち直ってくる以外に、残酷から抜け出す道はない。

そこで政府にできることは、勉強したいと思った人が、勉強したいと思ったときに、勉強したいと思ったことを、勉強できるシステムを整えること。そして、その柔軟で自由な教育システムのなかに〝スキルを身につける機会〟がメニューとして示されていればいい。

多様化

大学に入るルートをもっと多様化していったらいいと思います、と山内さんは言った。

「大学院も大学も、一度社会に出てからいつでも戻れるようにしたい。むしろ一回社会に出たあとのほうが、勉強って身が入りますよね。僕も一回社会へ出たあとで大学院へ入ったので、何が役に立って何が役に立たないかがわかるんですよね。『これは役に立つ』と思えばその授業は必死で勉強するし、『この先生の言っていることは役に立たない』と思ったら適当に軽視するし、そういう相場観が出てくる」

アメリカの大学のキャンパスは多様性に満ちた場所だった。特に二年制大学へ通う学生は、バラエティに富んでいた。シングルマザーや退職後のおじさん、高校を飛び級してきた十六歳の学生や、高校で問題を起こしたけれどスポーツ特待生として復活した人、世界各国からの留学生や、社会的地位が低いたくさんの移民。みんなそれぞれの事情を抱えて、学生生活を送っていた。社会へ一度出たあとの人や、子どもや家庭を背負っている人、有名大学への編入や奨学金を目指す人たちの熱意が、キャンパスに活気をもたらしていた。学生たちの多様性は、私にとっては刺激でもあり、救いでもあった。社会へ一度出た学生たちは、群れたがる若い学生とは違って常にマイペースで開放的で、社会性があって気さくだった。だれにでもすぐに話しかけ、困っていれば助けてくれた。授業でドシドシ発言し、解《わか》るまで先生に食い下がった。そして、二年制大学の卒業式にスピーチを任されたのは、ブルガリア出身の留学生と地元出身のシングルマザーだった。そして卒業と同時に、たくさんの学生が四年制大学へ編入していった。

日本の教育システムは、途中入学や編入の敷居が高く進路変更が難しい。その上、高校の普通科にいるうちに自分の進みたい学部を決めて受験をしなくてはいけない。山内さんは言った。

「僕はそれが苦手だったので、教養学部に行ったんですよね。ＩＣＵはコースを決めなくていいんですよ。入ったあとで専門を決めればいいシステムだった」

高校生の終わりごろ、漠然とした想いの一つに、アメリカ映画で使われていた特撮技術へのあこがれがあった。私はカリフォルニアへ行き、まずは二年制大学で一般教養の勉強をしながら、芸術に関わる授業を少しだけ履修した。そのころは専門性もなく、専攻分野も特になかった。そして現地でわかったことは、アメリカの特撮業界がデジタル化しているという現実だった。

私が目指していたのは、ハンマーやペンキや水しぶきや、火薬を使った爆破であって、マックを使いこなすことやプログラミングの技術ではない。その反対に、ステージセットやライブの世界、戯曲や文化人類学が面白いことに気がついた。要するに私は、アナログ的な人間ということだった。

そして四年制大学へ編入するころには、私の専攻は舞台芸術になっていた。

私は多様性という点で、アメリカの大学のシステムにずいぶんと助けられた。自由な進路変更や、キャンパスに集まるさまざまな学生に加えて、入学時期や卒業時期の多様性もありがたかった。一般的な秋入学と春卒業以外にも、アメリカには年に数回の入学や卒業のチャンスがあって、休学も復学も簡単だった。二学期制の大学から、四学期制の大学への単位の移行もスムーズで、自分の興味やペースに合わせて最適な進路を選びとることができた。

　私は二年制大学に冬学期から入学し、在学中にあちこちの四年制大学を回り、キャンパスの雰囲気やカリキュラムを確かめた。百聞は一見に如《し》かずだった。私は日本にいたころからの志望校を変更し、一番自分に合った四年制大学へ編入すると、あらかじめ目星をつけておいたクラスを片っ端から履修し尽くし、春の卒業式を待たずキャンパスを離れた。卒業証書は、大学の事務局からあとで郵送してもらった。時間もお金も内容も、無駄のない学生生活だった。


　日本で大学を中退する人のなかには、大学に魅力がないために、こんなところにいつまでいても時間とお金の無駄だと感じて辞めていく人が多く含まれている。勉強がつまらなかったり、専攻分野が肌に合わなかったり、早く社会で働いてお金を稼ぎたくなったり、理由はいろいろ挙げられる。彼らの選択は、実は合理的で正しい。行きたくもない学校に無理やり行って嫌々勉強するよりは、そんなところはさっさと辞めて、次の展開を考えたほうがいい——時間があまりにもったいない。

　けれど日本の大学は、学ぶ側の合理性ではなく、大学側の都合によってスケジュールされ、ほとんどの取り決めが行われている。ほかの大学へ移りたくても編入制度がなかったり、単位の移行ができなかったり、単位が一つ足りないだけでも丸一年間留年させて多額の学費を請求したり、入学金の支払い期限を不当に早く設定し、人の弱みにつけこんだりする。大学は問題をすり替えて、授業の魅力のなさを、学び手の我慢の足りなさのせいにしている。若者から選択する権利を奪い、硬直したシステムに縛り付け、お金の徴収をしやすくしている。

　高校も、大学も、専門学校も、大学院も、ツマラナイことを我慢するために行くのではなく、本来は、面白いことや役立つことを学びたいからこそ行くべき場所なのに。

　変わらなくてはいけないのは、教育システムだけではない。新卒一斉就職、終身雇用といった硬直した雇用システムを変えない限り、大学は、画一的な新卒者を毎春排出することを優先課題にしてしまう。みんなと一緒に進級し、学校さえ出れば就職できる、就職さえできれば一生安泰という成長期型の妄想は、社会や多くの個人にとって、これからますます危険になる。山内さんは言った。

「終身雇用と新卒採用至上主義は、だいぶなくなってきていますが、これをもっとたたき壊す必要があります。新卒採用でなくてはダメという発想を切り替えなくてはいけません。大学四年生のときに内定をもらえなかったら留年して五年生をやるなんていうのは日本だけですよね。そういう無意味なことはやめましょう。普通に考えれば、大学を出たあとフリーターをしようと何をしようと、大学で学んだ知識があれば普通に就職活動ができなくてはおかしい」

けれど政府はどういうわけか、おかしなメッセージを出し続けている。重要なのは新卒の雇用を守ることではなく、何歳になってもどんな状況からでも、何度でもやり直しがきくフラットな社会を作り、〝人生はワンチャンスではない〟と伝えることなのにそれができない。政治家たちは、新卒を守ることでその他大勢の新卒でない人たちを排除していることに気がつかない。新卒時だけが職業選択の唯一のチャンスだという刷り込みをすると、みんなが大企業や公務員に殺到し、完璧な就職に固執し、そこから漏れた人たちは、もう人生は終わったような気分になってしまう。そんなことがあってはならない。

居酒屋のカウンターでビールを飲む同級生は、確かに本人が言う通り明るくなったような気もした。高校時代の彼女は、いつも優しくほほ笑《え》んでいたけれど、あまりものを言わなかった。目立つ生徒ではなかったし、夢を語るようなタイプでもなく、淡々としたところがあった。それは私も同じだった。特に話したいこともなかったし、騒ぎたい気分でもなく、私たちは口を閉じたまま好きなようにやっていた。

高校時代はいろいろと悩むことが多かった、と彼女は言った。

「うちの親ってさあ、何も言わんねん。高校受験のときも、な〜んにも言わんかった。地元の高校へ行けとも、町の進学校へ行けとも言わんから、全部自分で決めなアカンかった。大学も将来のこともそうやったけど、あんまりにも何も言わんから、ずっと自分のなかで悩んでた。どないして生きてったらええんやろ、って。ずっと考えてばっかしやったから、たぶん暗かったはずやで」

彼女はビールを飲んで笑った。確かにあのころよりも、彼女はずっと前向きでキラキラしている。そして私たちはどちらも、おしゃべりになったし、よく笑うようになった——高校生のころは、ほほ笑むことはあっても、あまり笑ったりはしなかったから。

私は、仕事が海外へ流出する時代に、今の若い人たちはどうやって生きていったらいいのだろうか、と彼女に訊《き》いた。

「う〜ん、海外へ行くとか」

「海外？」

「うん。だって日本で食べていけへんのに、日本に居たって野垂《のた》れ死《じ》にするやん。それなら海外へ出ていって、出稼ぎでも肉体労働でも何でもええけど、生きていくしかないんちゃう？」

「えらいこっちゃ」

「まあ、確かに」

でもこんなこと言うのも変やけど、と私は話を続けた。

「こんな大変な、とんでもない時代やけど、個人的にはさあ、今の時代が結構好きかも。だって、三十年前に女として社会へ出なくて済んで、よかった〜って思ってるもん。先の見えないむちゃくちゃな時代かもしれんけど、何て言うかさあ、こんなふうに仕事ができてめちゃめちゃ幸運や」

ベンチャー企業で試行錯誤を続ける旧友は、うん、と言った。

「ほんま、同感や」

第八章
サバイバル

机の上に教科書を開き、小学生の私は先生の話を聞いていた。社会科の教科書と先生にもらったプリントには、日本の人口構成が今後どんなふうに変化していくかが描かれていて、山のような形やギザギザになった楕円《だえん》形やいろんな形が載っていた。その下には説明があった。ピラミッド型、ひょうたん型、つぼ型、ほし型、つりがね型。

「今までは十人の若者が一人のお年寄りを支えていましたが、君たちが大人になって社会で活躍するころには、四人の若者が働いて一人のお年寄りを支えていかなくてはいけません」

と、先生は言った。巷《ちまた》では、私たちが年老いるころには年金なんて一円ももらえない時代になっている、という説が冗談《じょうだん》ではなく常識として語られていた。それは私たちがまだこの世に出てきて十年しか経《た》っていないころで、その先には七十年あまりの長い人生が待っていた。私は、四人の若者の頭の上に一人の老人が乗っかっているカラーの挿し絵をしばらく眺め、チャイムの音で教科書を閉じた。

柔軟と寛容

小川淳也《おがわじゅんや》議員は、最重要課題として人口減少と人口構造が変化する時代への対応を挙げた。その問題を解決していくために、子どもの数を増やす努力と、納税者を増やす努力、つまりは働いて納税によって日本社会を支える労働人口の確保が求められている。

人口問題は複雑でたくさんの難題を抱えている。話を聞くことができた十八人の政治家のなかで、この問題に関して的確な回答を持っていた人は残念ながらいなかった。さらに厳密に言うと、出生率や子育て支援を話題にした人はごくわずかで、自ら進んで言及し、持論を展開したのは小川さんただ一人だった。少子化対策を「喫緊《きっきん》の課題」と呼ぶ小川さんは、経済的負担の軽減という点で、いくつかの指針を示している。

「今、出生率一・三くらいですが、人口を維持するには二を超えなくてはいけません。面白い統計があって、昔から夫婦の理想とする子どもの数って三人で変わらないんですよね。でも現実に生まれてくるのは夫婦ひと組に対して二人以下の場合が多い。ではなぜ三人目を作らないかというと、七割弱が経済的負担を挙げるわけです。だから、少なくとも子育て世代に対しては十分な支援をしていく。とりあえず即決で手を打てるのが現金支給ですから、もうとにかくここからやっていくということです」

さらに、少子化に関《かか》わる統計を語るなかで、小川さんは、人口妊娠中絶が年間二十九万件、不妊治療中のカップルが四十七万組もあると言った。しかもその数字には、お金がないために高額な不妊治療を断念しているカップルは含まれていない。つまり今、赤ん坊が年間百万人しか生まれてこない時代に、四人に一人の赤ちゃんが、世のなかに生まれてくることもなく消えていき、その一方で、子育てをする準備ができているのに子どもがいないカップルが、何十万という単位で存在していることになる。しかも中絶の場合、胎児の健康問題や強姦《ごうかん》などのケースは全体のわずか数パーセントで、それ以外のほとんどが親の都合により行われている。

小川さんは、不妊治療中のカップルや、経済的な問題を理由に堕胎の選択を余儀なくされている人を国が経済支援することで、出産の機会を増やしていきたいと言った。

堕胎に賛成か反対かという解決にならない一面的な議論をやめて、今失われている二十九万の命のうち、たとえ一万でも、三万でもいい、どうすればその命を世に出し、日本の大切な人材として育てていけるかを建設的に話し合うべきときがきている。そして経済的な支援と並行して、これからは、養子縁組や里親といったさまざまなタイプの家族の在《あ》り方に対して、より柔軟な態度を取っていくべきなのかもしれない。

祖父母が育った時代の話を聞く限り、日本の家族形態は以前はもっと自由で、合理的で柔軟だった。養子縁組は普通だったし、貧しい家の子どもは、餓死する前にどこかに売られたり引き取られたりして生き延びていった。祖母は幼いころに両親を失ったが、親戚《しんせき》に引き取られ不自由なく育ったし、祖父の十人いた兄弟のうち五人は引き取られてきた子どもだった。

今よりもずっと物質的に恵まれていなかったころの日本では、さまざまな状況下で子どもは当たり前のように生まれてくることができた。そして子どもたちは、育ててくれそうな人のところへ、当たり前のように寄り添っていって生き延びればよかった。もちろん、時代は貧しかったし、すべての子どもが幸せで満ち足りた暮らしをできたわけではまったくない。より危険な堕胎や間引き、人身売買も行われていた。けれど少なくとも、今よりは産まないという選択が難しいために、人々がより寛容に子どもを養いあっていた時代が確かにあった。けれど今はもう、育てられない親に宿った命は早々に抹消され、生活に困窮していても容易には周囲に助けを求められない。ずいぶんと冷酷な時代になってしまった。

戦後、日本は成長期を迎え、都市化による労働力の移動によって核家族化が進み、家庭のモデルは画一化された。お父さんとお母さんがいて、終身雇用のお父さんがしっかり稼いで一家を扶養し、お母さんが家庭を守り、子どもは必死に勉強していい学校を出て一流企業へ就職していく。その理想的家庭のモデルは成長期には合っていたのかもしれない。けれど社会は変化し、今のお父さんはリストラに合うかもしれないし、非正規雇用かもしれないし、年収は二百万円かもしれない時代になった。

もちろん、成長期の「理想の核家族」モデルを実現できる人たちは、継続していけばいい。けれどそのモデルに当てはまらない人たちもまた、別の形で「理想の家族」を構築できる社会を作っていかなければいけない。

血のつながりや、成長期の家庭モデルに固執するのではなく、子どもは育てられる大人が育てていくという柔軟性と、そういう家族を当たり前のこととして受け入れる土壌を復活させるべき時代がきている。それと同時に、未婚でも、片親でも、それぞれに合った形で理想の家族を築けるように、社会が多様性を受け入れていかなくてはいけない。

小川さんは、生まれてくる子どもたちの平等な権利を目指すことや、自由な子育ての在り方を支援していくべきだと言った。

「たとえばフランスの出生率は、少子化対策によって二を超えましたが、その半分以上が婚外子、つまり結婚していない男女が産んだ子どもです。もちろんこれは、家族観や倫理観、価値観に関わることなので同じではないですが、少なくともフランスには、自由な家族形態や自由な出産形態を支えられる経済基盤がある。自由な子育てやあらゆる条件下で生まれた子どもの存在を経済的に支援する体制が用意されているわけです」

ちゃんと育てられないからと中絶してしまう人、子どもの虐待がやめられない人、家庭内暴力に悩む人、貧困に苦しむ家族や一家心中するほどに追いつめられている家族を、自己責任と批判して社会から排除し、家庭のなかへ閉じ込め孤立させるのではなく、社会全体で責任をとる寛容さと、日本の貴重な人材を拾い上げ、守り、育てていく意志が求められている。そして、さまざまな境遇や経済レベルに生きる人々が、ためらうことなく「産めばなんとかなる」と思えるような、柔軟で寛容な社会環境を整備していかなければいけない。

二匹のウサギ

よく晴れた金曜日の午前中、私は自民党のある若手議員に会うために地方の事務所を訪れていた。ほかの議員からの信頼も厚く、党の有望株であることは、彼の誠実な話し方からも納得がいった。彼はとても落ち着いた態度で、目標とする強い保守政党の復活について語った。弱体化した若者を鍛え直す必要性。頑張《がんば》る人が報われる世のなかにすべきという点。改革を進め、小さな政府を目指していくこと。それから少子化対策として、早婚の勧めを説いた。

「昔は、二十代半ばを過ぎると、社会が独身でいることを許さないという風潮がありましたが、今は晩婚化が進み、子どもの数が減ってきています。これは、男性要因よりも女性の要因が大きいので、社会の意識改革として女性の早婚を勧めたい」

確かに、年齢が高くなると出産の機会は減っていく。若いうちから子どもを産みはじめることは少子化対策として、私は正しいと感じた。けれど一つ疑問もあって、どうやって早婚を促し実現させるのかという点だった。行政として何かできることがあるのか、と私は訊《き》いた。

「社会的なコンセンサス作りですね。もちろん、個人のライフスタイルの選択権に、どれだけ国が口を出せるのかという問題はありますが……」

ライフスタイルの選択権？　私はこの段階で違和感を覚えた。個人のライフスタイルに対する指摘は、個人が独身ライフを好き好んで選びとっているだけという現状認識が前提になっていて、それは一部では間違っていると感じたからだ。私は、キャリアを持つ三十代未婚の女の立場から、少し意見を話した。

「今は女子の大学進学率も高く、みんなアグレッシブに勉強する時代だと思いますが、大学や大学院を出てやっと就職して、けれど二十代半ばで職を失ったらもう戻ってはこられない。いい大学やキャリアを目指して、夢をもってやってきて、大学を出たところで突然、はい、終わり、と言われても、それまで追いかけてきた夢をあきらめろと言われても厳しいと思います。だから、ある程度のポジションに就くまで、みんなぎりぎりまで引っ張っているんじゃないでしょうか」

キャリアを持つ女性たちは、ただ独身ライフを謳歌《おうか》したくて結婚を拒んでいるわけではない、という私の個人的な認識と、周りの女友達の話をふまえた上で、みんな本当は結婚したいのではないか、と話した。すると、彼は言った。

「どうしても二兎《にと》を追うことは難しい」

そして少子化対策の議論は、産むことのメリットから話がねじれ、産まない人にペナルティーを与えるという方向へと進んでいった。

「産むということは、未来に対して貢献しているわけですから、そのことに対してインセンティブがなくてはいけません。つまりそれは、産まない人に対してペナルティーを与えるということです。以前、私は独身税を議論したことはありますが、独身税というよりは子なし税ですね」

やや遠回りに表現された彼の話をまとめると、女性は二十代半ばで結婚し、キャリアか子どもかのどちらか一つを選び、キャリアを選んだ人や子どもを産まない人には、少子化を加速させた罰として課税する、ということになった。

インタビューを終えたあと、私は秘書の方に淹《い》れてもらったコーヒーとロールケーキを呼ばれた。柔らかいクリームがたっぷり入った、本当に美味《おい》しいケーキだった。

お礼を述べ頭を下げてから、私は事務所を出て駅へ向かった。そして心地よい日差しが降り注ぐ歩道を歩きながら取材のことを考えた。彼は紳士的で温かい感じの人だった。見た目もハンサムで立派な学歴と経歴を持ち、エリートを体現したような人だった。もしも彼のような人が夫だったら、きっと安心して人生が送れるだろう——少なくとも経済的な面においては、妻は二兎を追う必要がない。

私は、何ともすっきりしない気持ちで駅の階段を登った。世間一般の夫たちは国会議員ではなく、若い男性の多くが低年収だったり、非正規雇用だったり、立派な学歴も経歴もなく生きている。そんな男性たちの肩一本に寄りかかって生きていくのは、やはり不安に感じた。それに夫が病気になったり、リストラにあったり、ある日ぽっくり死んでしまったり、あるいは夫と離婚をしたら、稼ぎ手を失った主婦と子どもは路頭に迷うことになるだろう。そして何より、現在結婚をしていない男女や子どもを持っていない人たちのなかには、個人の意志とは関係なく、そういった現状を受け入れざるを得ない人たちもいる。結婚を望んでいるのに、実現できていない人。子どもが欲しくても、持てない人。その人たちに罰という新たな苦しみを与える権利など、政府にはない。

そして私は、もしも専業主婦になって子どもができたら……と想像してみた。子どもに手がかかる十五年くらいの間は、そこそこ忙しく充実した日々を過ごし、家庭的な時間が過ごせるだろう。けれど、やがて子どもは巣立っていき、その後も私の人生は何十年と続いていく。子育てを終えたあとに残された、長い長い退屈で仕事のない時間に耐えられるかと言えば、どう考えても無理だった。

私は、改札を足早に通過した。

たとえ夫が立派で十分な年収があったとしても、私は自分のキャリアをいずれにせよあきらめるつもりはない。

私は、プラットフォームへ下りて立ち止まった。

ロールケーキのクリームの甘さに、感動している場合ではないのだ。

臨機応変

ある日私は、二〇〇七年の就業構造基本調査の統計表を開き、集計データを整理していた。二十五歳から三十四歳までの男性就労者のうち、年収二百九十九万円以下は三五パーセント。つまり三人に一人以上が年収二百九十九万円以下で生活している。一方、安定した家庭を築くための条件として女の子たちがよく基準にする年収六百万円以上の男性の割合は、七パーセント。私は目を疑った。そしてもう一度、計算し直した。二十五歳以上三十四歳以下、男性就労者、六百万円以上、約十四人に一人。

こんな時代に、結婚をして夫に養ってもらうという幻想を抱くなんてほとんど無意味なことだった。無謀な夢を見ながら年収六百万円の相手を待ち続けるより、夫も自分もそれぞれが三百万円ずつ稼ぎ、夫婦の世帯年収を六百万円にするほうが、ずっと手っ取り早くて現実的に違いない。

時代が大きく変化して正社員の数が減り、年収の少ない男性も増えた。こんな時代に家庭を築き、子どもを育てていくためには、成長期型の結婚観を改めることから始めたほうがいい。けれど残念なことに日本はそれができない——そもそも政治家ができていない。相変わらず、成長期型の結婚観、家族形態、職業観を手放せないまま、現実と理想の間に生じるひずみに対してふたをして、ごまかすことに終始している——理想的な家族モデルという奇妙な幻想を抱きながら、自分たちの首を自らの手で絞めながら……。

経済成長期のように雇用が安定することも、みんなの収入が増えていくことも、もう半永久的に起こらない。変化が多くうまくいかないことがたくさん起きる時代に、今までと同じ理想を求め合い期待し合う社会では、人々は期待通りに運ばない現実に日々絶望することになってしまう。不完全や変化に対して柔軟で寛容な対応ができなければ、激変する時代の荒波のなかでは、真面目《まじめ》な人や責任感の強い人は、ちょっとしたきっかけで脱落し再起不能になっていく。

特に日本の社会は、男性の肩にばかり経済的負担をかけ、働く奴隷にしてしまったり、期待に応えられない人々を萎縮《いしゅく》させ自殺にまで追いやったりすることもある。失業も、倒産も、転職も当たり前の時代に、一家の大黒柱という概念はもう通用しない。男女共に臨機応変に働き、社会の変化に対応しながら生き延びていかなければいけない。

そして日本の社会は、家庭内の問題のしわ寄せを、女性の我慢に頼りすぎている部分が多い。結婚は必ずしも万能ではなく、結婚後何年かして性格の不一致に気づいたり、夫の浮気が発覚したり、暴力をふるわれたり、つらい思いをすることもある。そういった問題が起きたときに、経済基盤のない女性はつらくとも離婚せず我慢して、好きでもない夫の財布にしがみついて生きていくしかない。長い人生にはいろいろなことが起きるし、何が起きるかはわからない。不測の事態が起きたときにも、臨機応変に対応し自力で生きていけるように女性も準備しておいたほうがいい。

おしゃべり女

その昔、未来に夢を描く女の子たちは、高校の校庭の片隅で、あるいは大学のキャンパスで、ときに悩み深く、ときに割り切って、または多少投げやりな気持ちで、こんなことを語りあっていた。

「最近ふと思ったんだけど、こんなに必死になって勉強して夢だのキャリアだのって騒いだところで、子ども産んじゃったら仕事も何もかも全部関係なくなるんじゃないの？」

「だったら産まなければいいんじゃないの？」

「えっ、産まないの？」

「いや産むけど……。そんなふうに言われると、夢を追いかけるのがバカバカしくなるじゃない。だからって、何もせずに、何も考えずに、ただ産むためだけに生きるのもバカみたいだし」

「でも頑張って成功を勝ち取れば勝ち取るほど、そのキャリアを失うときにつらくなると思うの」

「じゃあ、産みながら働けばいいんじゃないの？」

「へ、へ、ホー、へ、へ、ホーって産みながら？」

「違うわよ。ヒ、ヒ、フーって働くのよ」

それでも元気な女の子たちは、みんな猛烈に勉強し、資格を取り、専門学校へ通い、大学へ進み、さらに大学院へ進んだりした。そして多くが企業に勤め、公務員になり、国際社会へ飛び出し、学者になり、教師や獣医や看護師や、医者や薬剤師やエンジニアとして、社会の第一線に乗り込んでいった——自己実現の夢と、出産の年齢的なリミットの間で、少なからぬ悩みを抱えながら。


日本の女性の労働人口は、三十代の働き盛りが育児のために職場を離れてしまうため、ちょうど真ん中がへこむM字型のカーブを描く。しかも完全に職場を離れブランクが延びてしまうと、たとえあとから復帰しても離職前と同じレベルの労働力としては期待できない。

何年か前に、職場のやり手の女上司は、もしも子どもが生まれたら仕事を辞めると私に言った。上司は高い給料をもらい仕事をバリバリこなしていたから、出産を終えたらすぐ復帰すべきだと、願いを込めて私は言ったが、上司は首を横に振った。

「同じ職場にはもう戻れない。それに、子どもの手が離れたあとにまた仕事をしようと思ったら、そのときはファミレスやスーパーで時給千円とかで働くことになるのよ。パートさんとかやったことがないから、どんなふうにやればいいのか想像もつかない」

時給千円ももらえるパートの仕事は今どき珍しいと思います、と私は言いかけ、やっぱり言わないでおくことにした。

人口が減少し、労働者が減り、納税者が減り、税収が落ちている状況のなかで、高齢者の数だけがどんどん増え、社会福祉にかかる費用は増大を続けている。国の財政赤字を少しでも食い止めるには、納税者を増やしていく以外に方法はない。

「生産年齢人口の減少を食い止めるには、女性の活用が必要です」

そう語ったのは、民主党の津村啓介《つむらけいすけ》議員だった。津村さんは、バブル崩壊後の経済が厳しい時代に日銀に勤務し、その後三十歳で政治家を目指した。津村さんは変わった人だった。内閣府の政務官室で初めてインタビューしたときの彼は、愛想もよく誠実な態度で質問に応じてくれた。けれど二度目の取材では、彼の態度は違った。秘書にいらだち、神経質に黙りこんだり、電話をしたり、突然新聞を広げて意味もなくページを繰《く》りはじめたりした。テープには長い沈黙が録音され、数回の中断が記録された。ただし、話のところどころから、いくつかの合理的な意見を拾うことはできた。そのうちの一つが、〝女性の活用〟だった。

ある日私は、大学へ進学する男女の比率を調べていた。難関国立大学の男女比は、だいだい男性七対女性三で、難関私立大学の場合、学校によってばらつきはあるものの、平均すると男性六・五に対し、女性三・五ぐらいだった。さらに、地方の国立大学の男女比は、およそ六対四だった。次に、国家試験の合格者や職業別の男女比を見ていくと、たくさんの資格や職業で、女性の占める割合が少しずつ増えつつあることがわかった。たとえば、日本弁護士連合会の統計によると、女性弁護士の全体に占める割合は、一九九九年の八・四パーセントから、十年間で一四・四パーセントまで増えた。二〇一〇年の新司法試験合格者は四人に一人が女性だった。厚生労働省の医師・歯科医師・薬剤師調査を見ると、女性医師の比率も、一九九八年の一三・九パーセントから、二〇〇八年には一八・一パーセントと増え続けている。二〇一〇年の医師国家試験合格者の三人に一人は女性だ。そんな時代に、女性を労働力として考慮せず社会を機能させるという選択が合理的だとは思えない。

　私は、これまでに出会ったたくさんの人たちのことを思い浮かべた。私よりもはるかに優秀な男性も、はるかに優秀な女性もいた。そうでない男性も、そうでない女性もいた。その数は男女とも大体同じくらいで、どちらかの性だけが極端に優秀なこともなければ、劣っていることもなかった。けれど、彼ら（彼女たち）が結婚したあとのキャリアライフを考えると、とても偏《かたよ》った結果にたどり着く。優秀な男女が結婚した場合、職を離れる役目は、たいていは女性のほうに回ってくる。さらに、優秀な女性とそうでない男性が結婚した場合も、やはり優秀な女性がキャリアをあきらめ、そうでない男性が仕事を続けることが多い。つまり日本は、人材の活用という意味で極めてもったいない国なのだ。

　たとえば、弁護士白書二〇〇八年版によれば、アメリカでは女性弁護士の割合が三〇パーセント、イギリスで四二パーセント、フランスでは四九パーセントにのぼり、ＯＥＣＤ（経済協力開発機構）の統計、Health Data 2010では、女性医師の割合はアメリカで三一パーセント、イギリスで四二パーセント、フランスで四〇パーセントと、女性の力を活用している。

　女性が高い学力を身につけ、職業意識を高めつつある今、女性を労働力として生かしていくことにはさまざまな合理性がある。大切なのは、優秀な女性たちが家庭に入り節約にいそしむことではなく、彼女たちがしっかり稼いで所得税を支払い、稼いだお金でたくさん消費して消費税を支払うこととなのだ。そうすれば、日本の内需と税収を同時に拡大させることができる。

そして、特に現代やこれからの時代は、高学歴な女性以外にも、社会のあちこちの局面で女性の能力がより求められるようになっていく。経済成長期に必要だった土木建設に関わる仕事や重機器を扱う仕事が減る一方で、これからはサービスの提供や介護や福祉、コンサルティングやライフスタイルの提案といった人とのふれあいやコミュニケーションを必要とする仕事が増えていく。現在、ホームヘルパーの約九四パーセントを女性の労働者が担い、ケアマネージャーの約八〇パーセント、看護分野の九〇パーセント以上を例に、人と接する仕事に多くの女性が従事している。つまり、おしゃべりで気が利く多くの女性たちが力を発揮すべきときがきているのだ。

そこで、おしゃべりな女性たちを労働市場につなぎとめ、M字カーブの落ち込んだ部分を引き上げて台形のカーブにするために何をすべきなのか。とにかく一番にやるべきことは、保育所の待機児童を解消することです、と津村さんは語りはじめた。

「次に、男性も女性並みに育児休暇を取得するような環境づくりをすること。それから、専業主婦の方からは反発が出ると思いますが、配偶者控除も撤廃すべきです。生産年齢人口が減っている時代ですから、女性が社会で働いて得をするような仕組みを作らなければいけません」

女性が、二匹のウサギを苦しむことなく追える社会、無理なく産んで無理なく働ける環境を、政府は早急に整えなくてはいけない。キャリアを持つ女性たちが、妊娠を素直に喜べるように、子育てに前向きになれるように、職場からの冷たい視線に苦しまずに済むように、そして子育てがブランクにならないように、国はあらゆる手を打たなくてはいけない——働く意欲と産む意欲を両方持った女性たちが、せっかくこの国にはいるのだから。

男性も女性も働き、二人で家計の負担を分かち、両方が育児に時間を割き、どちらも税収に貢献し、共に出生率を上げていく。働く負担と育てる負担の男女間の偏りを同時に是正し、ストレスや過労を取り除いていく。そもそも、長時間残業やストレスによってセックスレスのカップルが増えてしまっては、赤ん坊は生まれない。

そして、もしも本気で少子化問題に取り組むのであれば……。日本中の電気の供給を夜八時以降完全に止めてしまうくらいでちょうどいいのかもしれない——テレビも見られない、パソコンもできない、仕事はもちろん、出歩くことさえできない、真っ暗になった日本の出生率は、電気のない途上国の農村並みに爆発的な回復をみせるかもしれない。

彼女が帰る場所

ある日曜日の午後、スカイプ電話が鳴った。アメリカのシリコンバレーに暮らす日本人の親友からの電話で、何やら頼みごとがあるらしく、私はパソコンの前に座って一時間半ばかり彼女と話した。彼女は、大学院のことなんだけど、と話を切り出した。

「もし行くことになったときのために奨学金に応募しようと考えていて、できれば推薦状を書いてもらえないかと思って」

彼女は、三通必要な推薦状のうち二通はもう職場の上司に頼んだと言い、最後の一通は彼女の私生活を知っている身近な人に書いてもらいたいと言った。私は、もちろん書くよ、と快諾した——推薦状なんて、これまで一度も書いたことはなかったけれど……。

二年制大学に通っていたころ、彼女と私は一年あまり同じ家に住んでいたことがあった。家賃は一人百八十ドル。キャンパス横の古い大きな民家を国籍の異なる七人でシェアして暮らしていた。私と彼女は歳《とし》が同じで、専攻もそれぞれ芸術系で、共に運動部に所属し、猛烈に忙しい日々を過ごしていた。私たちはよく食べた。私がホットドッグを三個食べれば、彼女は焼きそばを四人前は食べた。私たちはよく筋肉痛だった。バレー部の彼女の筋トレメニューはソフトボール部の私のものよりも厳しかった。私たちはほとんど眠らなかった。夜中の三時にキッチンでお茶漬けを食べていると、いつも彼女に出くわした——宿題がなかなか終わらないからだ。私たちは若くて苦しくて楽しくて、夢見るおバカさんだった。

「三十五歳、セミリタイヤメント、プール付きの家！」

おまじないを唱えると、疲れは一気に吹き飛んだ。そして二年制大学を卒業したあとは、それぞれが別々の大学へ進んだ。彼女は映画とデジタルアートを学び、私はせっせとペンキを塗った。それから大学を卒業すると、彼女はまずバーテンダーになった。

「昼間は映画のプロダクションがあるから夜間に効率的にお金を稼ごうとすると、考えられる仕事は二つしかなかった。売春かバーテン。売春はイヤだったから、バーテンにした」

その後彼女は、トントン拍子でキャリアアップし、二十六歳のときに大手IT企業で職を得た。もちろん年収は跳ね上がり、日本のサラリーマンの平均所得の二倍近い額になった。その後の二年間、私は長期の旅行をしていて彼女に会うことは一度もなかった。ただ彼女が、日本で闘病中だった母親の看病のために有給休暇をすべて消化して帰国を繰り返していることだけは知っていた。

あるとき、私はモロッコの山岳地帯を旅行中に、さびれた一軒のネットカフェへ立ち寄り、メールボックスのなかに彼女からのメッセージを見つけた。タイトルには「お知らせ」と書かれていて、私はメッセージを読み終わる前からもう泣いていた。

綺麗《きれい》で頭がよくて仕事ができるお母さんだった。いつだったか彼女の実家を訪ねたとき、お母さんが夜更けのキッチンに立ち、私たちに夜食のおにぎりを握ってくださったことがあった。私たちは握ってもらったおにぎりを、キッチンテーブルで食べた。

「だれかに握ってもらったおにぎりってさあ、何でこんなに美味しいんだろうね」

「うん、不思議。自分で作ってもこういう味にはならないんだよね」

旅行を終えたあと、私はシリコンバレーに彼女を訪ねた。私たちは二十八歳になっていた。彼女は、とても広く素敵な部屋に住んでいて、本棚やテーブルの周りには、ITに関する分厚い本がたくさん積んであった。映画専攻からバーテンになり、転職を経て現在の仕事に就くために、彼女は多くの本を読み相当勉強した様子だった。私たちはテーブルの上に飾られたお母さんの写真と一緒に三人でご飯を食べ、それからバルコニーに出て、カリフォルニアの日差しの下でのんびりと赤いワインを飲んだ。

彼女はもう前を見ていた。いつか自分で起業するためにも、そろそろビジネススクールへ行くことを考えたほうがよさそうだと言った。階下に見えるプールの水が、太陽の光を照り返しキラキラと輝いていた。私は、水面にできた小さな波を眺めながら彼女の話にあいづちを打った。

私の周りを見渡す限り、留学生は女の子が多かった。そのことは、一度学校の授業のなかで議論になったこともあった。先生や学生たちが出した答えは、全般的に女の子のほうが語学に関心があり、異文化交流に興味を示し、海外生活へも簡単に順応する傾向があるため、各国とも女の子のほうが海外へ行くことに抵抗が少ない、というものだった。なんとなく感覚的に、私はその意見に納得した――それは全般的に男の子のほうが、パソコンに熱中し機械操作に抵抗がないのと同じような、生理的現象なのかもしれない、と。

けれど不思議なことに、日本で〝海外〟について話すとき、それが市場であれ取引であれ、進出であれ仕事であれ、どれも基本的に男性を中心に語られる場合が多い。私は、ほかの大勢の女性と同様、普通に留学し、海外に友達を作り、いろんな国の人たちと協力し合って何かをしたり、海外へ一人で出かけていって楽しい経験をたくさんしたりしてきた。そして日本へ帰ったとたんに、海外に興味があまりない男性たちから、女性一人で大丈夫なんですか？　と問われて困惑した。女性だから大丈夫なのに……。外国人にも異文化にも海外生活にも、普通の女であるからこそ私はまるで抵抗がない。そして、どうして女性だと大丈夫じゃないと思われたりするのだろうか、と不思議に思うと同時に、海外で発見した一大事実を紹介したくなるのだ。

「この世界に生きている人の半分は、じつは、女性です」

グローバル化が進み、国際的な結びつきが密接になる今でも、世界経済、国際市場、産業発展、海外貿易、国外戦略、開拓や派遣や駐在に至るまで、それらの言葉が持つイメージの中に女性の影はあまりない。それはきっとこれまでの世界が、国家的権力争いや、インフラ整備や大規模な産業化、肉体労働や統括を必要とするハード面を中心に発展を遂げてきたからなのかもしれない。けれど国々は発展し、世界は消費拡大の時代に入った。消費の時代は、コミュニケーションや連携する能力、かゆいところに手が届くような小規模でソフトな手法が、徐々に重要性を増していく。クレーンで鉄筋を積む以外にも、世界は今、多様化に向けて市場の可能性を開きつつあるのだ。

世界をあちこち歩いてみると、いつも女性と知り合いになった。彼女たちの暮らしのなかには、消費への旺盛《おうせい》な意欲が表れていた。パキスタンの女子大生たちは海外旅行にあこがれ、アフリカの女性たちは日焼け止めに関心を持っていた。ミャンマーの女性たちは毎晩のようにテレビの前に集まり韓流ドラマのラブストーリーに酔いしれ、その映像のなかに映る韓国製家電製品のロゴを羨望《せんぼう》の眼差《まなざ》しで見つめていた。ケニアやガーナやニジェールの女性たちと一緒に夕飯を作ると、食品世界最大手ネスレの戦略に脱帽させられ、世界中のあらゆる場所で女性たちの化粧品に対する情熱に圧倒された。特に、乾燥肌をみんな恐れているようだった。ファッション、食品、生理用品、家電製品、旅行、エステ、恋愛ドラマ、家具、食器。世界の経済力が高まれば高まるほど、そして世界中の女性の教育と社会進出が進めば進むほど、これからさらに女性たちはオシャレのために出費し、リフレッシュのための消耗品やサービスを消費しまくるようになるだろう。もちろん彼女たちは、好みの車も携帯もパソコンもすべて手に入れるはずだ。

世界はグローバル化している。そしてコミュニケーションを必要としている。今、ちょっぴりおしゃべり好きな女たちの、出番なのだ。

シリコンバレーの友人は今、アメリカ企業の立場から日本の企業と取引をして、アメリカの企業に利益をもたらし、アメリカ国内で納税している。そして、近いうちに仕事を辞めてＭＢＡを取得するか、別の企業へ転職するか、あるいはまったく新しい道を模索する。大学院を目指す理由を、彼女はこう説明した。

「院でいろんなことを吸収したら、その後日本へ帰って女性の仕事環境を整えるNPOを立ち上げるか、面白いテーマが見つかれば自分で会社を作りたい」

私は、推薦状を書くためにパソコンの画面と向かい合った。何だか、ラブレターを書くような気持ちでキーボードをたたいた。

Dear Fellowship Committee
It is my absolute honor to recommend my best friend, ...

友人は大学院へ進むかもしれないし、別の道へ進むかもしれない。彼女はいつか帰国して会社を作るかもしれないし、そうはならないかもしれない。けれどどんな状況になろうと、彼女は必ず前を向いて道を切り開いていくだろう。ただし、その道が日本で開かれるかどうかはわからない。

国会議事堂の大部分を埋め尽くす男性議員たちが、やっぱり女性は家庭に入って、夫のサポート役に徹し、早く結婚しない人や子どもを産まない女性には課税すべきだと言ってきたら……。

だったら、それはそれでまあいいか。すぐにスカイプを立ち上げて、もしも〜し、と彼女に電話をかけるしかない。

「残念だけど、もう帰ってこないほうがいいよ、こんな国」

第九章

コミュニケーション

小学生だったころ、家にグアムから女の子が来て数日間泊まっていったことがあった。彼女は、私が知らない言葉を話した。彼女の学校の夏休みは三ヵ月もあるのに、〝夏休みの友〟はなく、宿題は自然に触れて遊ぶことだけらしかった。私は彼女がうらやましかった。そして、そんな彼女とどうにかして話ができないものかと考えた。私は小さく切った画用紙に、大人から教わった英語をカタカナでいくつか書いた。そしてある日の夕食の終わりに思い切ってそれを彼女に向かって読み上げた。

「スタンドアップ！」

するとと彼女は驚いたように突然椅子《いす》から立ち上がった。私だってびっくりした。後になって、私の言い方は命令口調で、日本語に訳すと「おい、立たんか、こら！」と言ってしまったらしいと知った。

EAST

一九九六年。十六歳の春に、私は生まれて初めて日本の外へ出ることになった。高校の研修旅行の名目で、希望をすれば五日間マレーシアのジャングルへ行き、現地の高校を訪問したりホームステイをしたりできるという面白そうな話だった。私の周りの友達も何人か行くと言い出して、なんだか私も日本を離れて外の世界を見ておかなければいけないような気分になった。

世間の多くの大人たちが「国際化の時代が来る」と言い、「英語の重要性」を説きはじめていた時代だった。けれど私が学校へ通う田舎町を見渡す限り、国際化の香りもなければ、国際的な人間も、そもそも英語をマトモに話せる人すら発見するのは難しかった。国際化とは何を指すのか、英語はどうやって話せばいいのか、学校の英語の先生ですらわかっているのかどうかずいぶんと怪しいものだった。そこで私は、何でもいいから飛行機に乗り、外の世界へ行くことにした。そのために必要な旅行資金は、年金をいっぱいもらっている祖父からいただくことにした。私は手作りのハンコを持って祖父の家へ走っていくと、必ず踏み倒す覚悟を決めて借用書に判をつき、マレーシアへと飛び立った。

マレーシアのジャングルのなかでは、英語も国際交流もあったものじゃなかった。私は何もしない代わりに、おどおどしたり、ごまかしたり、愛想笑いを繰り返した。現地では小さな子どもたちまで片言の英語を上手に操り、外国人の私に対して屈託《くったく》のない笑《え》みを浮かべてどんどん話しかけてきた。現地の高校生たちは、流暢《りゅうちょう》な英語をペラペラ話した。生徒会長の女生徒は中国系のマレーシア人で、英語とマレー語と中国語を操り、セレモニーを取り仕切り、両国の生徒を引き合わせ、堂々とした態度でスピーチをした。彼女やほかのマレー系の生徒は、希望に満ちた眼を輝かせ、私に握手を求めたり日本や未来の展望について英語でバシバシ質問してきた。私の頭はパニックになり、それまでに覚えたわずかな英語をほとんど一瞬で忘れてしまった。私は「異文化」と言おうとして、それが different culture だったか、difficult culture だったかさえわからなくなり、真っ赤になって意気消沈した。私の抱えた問題は、単なる言葉の壁ではなかった。国際社会へ出るためのもっと重要で初歩的な何かが決定的に欠落していた。

マレーシアはその当時、マハティール首相の指導のもとで LOOK EAST の目標を掲げ、日本の背中を追いかけていた。けれど現地の高校生は、私の背中をすでに追い越し、さらに大きな世界へとその一歩をもう踏み出していた。日本の首相が LOOK

ASIA, LOOK WORLDを国民に指導すべき日が、もう現実にやってきていた。
私は英語を話しそびれ、異文化交流をしそびれて、楽しい思い出を携《たずさ》えることなく、ただ強い焦りだけを持ったまま静かにEASTへ帰国した。

高校を卒業すると、私は惣菜《そうざい》屋のバイトで貯めたお金を旅行代理店へ持っていき、サンフランシスコ行きの航空券を片道分だけ買った。

ASIA

好むと好まざるとにかかわらず、グローバリゼーションは進行している。それは人々の生活に都合のよいものと面倒なものを、それぞれ両方もたらしてきた。世界はより平面化して、国境をまたぐ人々の往来や、お金やモノのやり取りはこれからさらに活発化する。そして、グローバルな時代とともに世界は地域ごとのまとまりを強め、経済や文化の結びつきをブロックごとに深めつつある。EU（欧州連合）やASEAN（東南アジア諸国連合）、AU（アフリカ連合）やUNASUR（南米諸国連合）といったふうに。
日本も地理的な条件や経済的な必然によって、善《よ》かれ悪《あ》しかれ東アジアとの関係を刻一刻と深めつつある。もちろん距離が縮まってモノや人の行き来が増えれば、国家や人間の付き合いのなかでも摩擦や小競《こぜ》り合《あ》いは増えていく。望むと望まざるとにかかわらず、アジアはこれから近くなり、日本はアジアの国々と正面から向かい合っていかなくてはいけない。けれど現実には問題も多く、アジアの国との間には深いいくつかの溝もある。それらを本当に埋められるのか、本気で埋める気持ちがあるのか、アジアに対する日本の姿勢はますます問われることになる。民主党の櫛渕万里《くしぶちまり》議員は自らの経験をもとに話を始めた。

櫛渕さんは、国際NGOに十七年間従事したあと政界に入った。NGO時代は、国際理解や紛争の解決、地球環境や貧困問題に取り組んでいた。けれど、他国の貧困を追いかけて世界を回っている間に、日本の貧困率が先進国中二位になってしまっていたことが、彼女の目を国内政治に向かわせた。櫛渕さんは、日本国内のさまざまな問題を解決するためにも、より根本的な部分で現在の経済システムや産業構造を変え、新しい日本とアジアの時代を切り開いていきたいと考えている。

「私には、アジアの友人がたくさんいますが、みんな日本を見ているんですよね。日本の政府がどうなるのか、日本の未来がどうなるか見ている。結果的に日本が最初に民主主義を憲法のなかに取り入れて進みはじめて、そんな日本をみんなずっと見てきたんですよ。その日本が、やはり自ら変わること。それをもってアジアの人々と対話を始めることをまずしなければいけない。経済や雇用、社会保障といったダメになってきたところを、もう一回再生していく。民主主義、基本的人権の尊重、平和主義、この三つの柱をもう一回確認して、そこにもう一つ環境という柱を組み込んで、アジアのなかで『日本っていいな』と思ってもらえる国にしていく。そういう国になりたいと思うし、なれるはず。そうなったとき、当然、アジアの国々と対話できるようになると思います」

準備

その日、私はマレー半島のジャングルのなかでバスを降りた。夕暮れどきのスコールが降りだし、あたり一面土砂降りだった。私は近くのお茶屋に駆け込み、そこで一人の老人に出会った。その年老いた男性は声を震わせ、過去の戦争の責任を、激しく私に問い詰めた。

パキスタン東南のある街で、私は下痢に苦しんでいた。たまりかねて薬局へ駆け込み、経口補水塩と下痢止めの薬を出してほしいと店主に頼んだ。けれど「日本から来た」と告げた瞬間、店主は顔色を変え「人を殺すということが、戦争をするということが、お前は正しいと思うのか？」と突然私に訊いてきた。そして店主は、パプアニューギニア出身の父親が、日本兵の捕虜となりひどい扱いを受けたと言った。店主は、最後まで薬を売ってはくれなかった。

私は長距離バスに乗りボルネオ島を横断していた。途中ブルネイに入国する際、日本のパスポートを取り出した。すると後ろの席にいた年老いた男性が立ち上がり、左足のズボンをたくしあげ、肉のえぐれたひざを出し「よく見ておけ」と私に言った。昔、日本の侵略にあい、男性は日本の兵隊に左のひざを銃剣で刺された。

私は、アジアや中東やアフリカやヨーロッパの国々へ、あちらこちらに旅行に出かけた。そしてその旅先で、機会があれば必ず近くの博物館や戦争に関《かか》わるモニュメント、墓地や虐殺記念館、独立戦争や民族紛争、人種差別を扱った歴史資料館に足を運んだ。好んで行きたい場所ではなかったし、旅行の行事として楽しいものでもなかった。訪れた場所で見た展示品や記念碑や資料に書かれていた言葉には、記憶に残ったものもあれば、記憶から消えていったものもある。戦争や虐殺や差別には、日本が関わったものもたくさんあったし、関わっていないものもたくさんあった。

明確な目的があってそれらの場所を巡るようになったわけではない。ただ、そういった人類の負の遺産に対して、あるいは自国の汚点に対して、まったくの無頓着《むとんちゃく》を貫いたまま広い世界へ出ていくことは、何故《なぜ》かできないような気がした。そんな気分的な理由だった。

留学先のアメリカや旅で訪れた先の国々でも、「アジア」や「アジアの人々」に触れる機会がたくさんあった。アジアのたいていの人たちは好意的で親切だった。多くの温かいもてなしや、親密で深い体験が想い出の大半を占めてきた。けれど、なかにはつらいものもあった。歴史問題のいらだちが、ときに過激な暴言となって、あるいはハラスメントとなって、襲いかかってくることがあった。私はその間、口をじっと閉じたまま彼らの非難を受け止めていた。非難は時折エスカレートし、話はだんだん誇張され、態度は攻撃性を増し、嫌がらせは一線を越えていった。

私が戦争をしたわけではないし、私は好んで日本に生まれたわけでもない、と言い返そうとして何度もやめた。私は両目に涙をためて、ずいぶんたくさんの話を聞いた。何度も繰り返される話に対して「もう同じ話ばかり、十分聞かせてもらいました。百回くらい聞きました」と不用意な反論を展開し、相手をさらに怒らせて激しい口論になったりもした。たくさんの話がこじれていった。こじつけやあてつけに頭を抱え、歪《ゆが》んだ感情の対応に追われた。日本とアジア諸国が抱えてきたコミュニケーション不足や、その能力の乏しさによって、どちらの側も傷を深めた。

二十代の前半を通じて、私は受けた暴言や嫌がらせについて、特に反論することはなく、人に話さないと決めていた。そんな話を蒸し返すことで安易にアジアを逆非難して、自国の犯した過ちを不問に付したような気持ちになるのは、不適切だと考えていた。けれど何年か経《た》ったあと、私はやっぱりポリシーを変えて、必要性を感じた場合はだれかに話すことにした――ずっと口を閉じたままアジアが嫌いになる前に。


「あなたは何もわかっていない」

アジアで言われた言葉のなかで、私を一番苦しめた言葉がこれだった。それは年老いた人々ではなく、若い人たちから突きつけられた言葉だった。戦争世代の人々に自国を糾弾されることも、罵声《ばせい》を浴びせられることも、それは相手の立場を考えれば、ある程度納得することができた。けれど戦争を知らない世代、とくに同世代の若者たちに、「あなたは何もわかっていない」と感情的にまくし立てられたときだけは、いつも気持ちが波立った。一つには、実際にあまりわかっていない自分の知識に対する後ろめたさ。もう一つは、頭ごなしにそう言われるほどわかっていないわけではない、という相手に対する反感だった。そこで私は、この二つを解決するにはどうすればよいかを考えた。

一つには、もっとわかること。もう一つは、わかっている、と相手にわかってもらうこと。

「あなたは何もわかっていない」

アジアに限らず世界中どこへ行っても、この言葉を聞かずに済むように、できる限りの準備をするしかない――グローバル化が進むこの世界を、どうにか生き延びていくために。

姿勢

アジアについて語ることは、ときにとても複雑で、アジアと対話を進めるためには困難も覚悟しなければいけない。けれどそれは避けられない。そのなかで櫛渕さんは、歴史問題については信念を持って申し上げたい、と迷いのない態度で話を切り出した。

「アジアの国には民族主義や反日感情を持っている人がいるので国家間の溝を埋めることは不可能だと、もし言っている人がいるなら、ではあなたは直接現地へ行って話したことがありますか？ と問いたい。その問題を解決するために努力していますか？ と私は問いたいです。植民地支配をした人とされた人、あるいは戦争をして侵略した側とされた側という例は、世界にはいくらでもある。日本だけじゃないですよね」

櫛渕さんは、世界の国々は、みんなそこを克服するために努力しているのだと言った。

「たとえば『真実と和解委員会』みたいなものを開いて、殺した側と殺された側がきちんと和解に向かうプロセスや場所を政治が用意して、対話ができるようにする。あるいは教育の分野から、どんな教育がよいのかを考える場を作ったり、研究を進めたり、そういった努力をするのが人間なのではないでしょうか。そういう努力を、まだ日本はアジアの人たちと十分にしきれていないと思います。もちろん、それは日本だけの問題ではありません。それぞれの国が抱えている事情もあるし、その困難は十分承知しています。けれど努力はしなくてはいけない。困難があるから逃げるのか、困難があるから逆に対話しようと決めてアジアの人と向き合うのか。やはり戦後の日本は、アジアではなく欧米のほうを向いてきたのだと思います」

二〇〇八年夏、ロサンゼルス郊外にある、日系アメリカ人の女優先生の自宅で私はお茶を飲んでいた。先生は舞台を演出したり、映画を撮ったり、テレビに出たり、それと同時にさまざまな社会活動に精を出し忙しそうにしていたが、その日の午後は貴重な時間を二時間ばかり空けてくれていた。

　世界の国や日本についてあれこれ話しているうちに、アジアに関する話になった。すると先生は、一九九五年に北京《ペキン》で開催された国連世界女性会議へアメリカの代表団の一員として参加した経験を語りはじめた。

「十日間あった本会議の前に、私たちは、みんなが自由に参加できる事前会議を開いたの。本会議に参加する人たちと、会議への参加権はないけれど北京の女性たちが集まって、私たちはレストランで大きなテーブルを囲むことになった。日本の代表団の女性二人も、本会議が始まる前に私たち全員と顔合わせするために来てくれていたの。そこでね、そのうちの一人の女性が自己紹介をして、こう言ったわ。『私自身を含め、私たちは、自分たちの国があなた方アジアの国々、特に韓国と中国をとても傷つけたことを理解しています』と。そこで彼女は深呼吸を一つ入れて『深く謝罪いたします』と言った。そして二人は、中国からの参加者たちが話す戦争の被害や体験談にひたすらじっと耳を傾け続けた。私は、日系人だけれど、アメリカで生まれ育って、昔アジアでどんなことがあったのか、ほとんど知らずに生きてきて……、けれどあの日、日本の代表者二人がただじっと話を聴き続けた姿には心動かされるものがあった。その二人の謝罪は、アジアの女性やアジアの国々が長年待ち続けてきたものだったし、被害者の女性たちは話し終えると涙を流してこう言ったの。『こうやって話を聞いてもらえたのは初めてのことです。本当に感謝いたします』と。私たちは、過去の痛みや苦しみが涙と一緒に溶けていく様子を、そのとき目の当たりにした。日本の女性たちは、事前会議に参加して謝罪することの意味をよくわかっていたのよ。本会議はスムーズに進み、私たちの未来はより前向きで調和のとれた新しい形へと導かれた。そのことは、日系人の私と中国系や韓国系の血を引くアメリカの私の友人たちとの間にも、新しい光をもたらしたと思う」

キッチンのテーブル越しに、先生は私の目を見つめて話を続けた。そのときの体験を一つ一つの尊い言葉で噛《か》みしめるように。

「私はね、今でもその二人の女性が主導した行為にとても感動しているの。彼女たちの簡潔で気品ある謝罪は完璧《かんぺき》だった。その謝罪のあと、私たちのテーブルは、会話や涙や笑いによって本当に活《い》き活きした場へと変化した。もうだれも自分を引っ込めたり、気後《きおく》れしたりすることがなくなったの。あの日、私は本当に深いもの、ものすごい治癒《ちゆ》のプロセスを目の当たりにしたのだと思う」

その体験を語る先生の黒く美しい両目は、涙で少し潤《うる》んでいた。

二〇〇九年夏、アフリカのスーダンのある村で、元国連職員の現地人の男性と知り合った。彼は国連で十二年間働いたあと、地元の村へ戻って、現在は地域の教育改革に取り組んでいる。話を始めたきっかけはアフリカの絵画と音楽だったが、そのうち話が横道にそれ、国際社会の議論になった。

男性は、スーダンを含め、絶え間なく紛争が続く世界の現状を嘆き、その一方で日本を絶賛した。平和で経済発展を遂げた素晴らしい国だ、と彼は言った。確かにアフリカや中東の国々のなかでは、日本は平和な経済大国として肯定的な評価を受けている印象はあった。けれどアジアに目を向けると、その評価はまた少し違っていた。私は、日本に好感をもっていただけて大変うれしく思いますが……、と言い、さらに言葉を続けた。

「ただ、残念ながらアジアのなかでは、日本の立ち位置は複雑です。過去の戦争の責任を現在も問われているからです」

なるほど、とうなずいてから、彼は、けれど日本は戦争の責任をとっていると思います、と話しはじめた。

「日本は確かに戦争をして、敗戦した。けれどその敗戦から今まで、日本は戦争をしていない。それは、日本が六十年以上の時間をかけて過去を反省し、責任を取り続けてきた証拠だと思います。その六十年の間に、一体どれだけの国々が紛争に手を染め、今なおその行為を繰り返していると思いますか？　日本は破壊することよりも、協力や救済することに重点を置いて何十年もやってきたし、少なくとも私の目には、戦争ではなく平和を目指す国として一貫したメッセージを出してきたと映っています。世界の多くの国々は、自分たちが犯した行為を振り返ることもなく、同じ過ちを繰り返し続けています。私は、責任というのは、ごめんなさい、と謝ることでも賠償して片付くことでもなく、むしろ同じ犯罪を繰り返さない姿勢を示し続けることだと思います。あなたが人を殺して、ごめんなさいと謝ったあとにまた人を殺したら、それは反省したことにも責任をとったことにもならない。ただし、その後一生、あなたが殺人を繰り返さなければ、あなたの取ろうとした責任は説得力を持つと思います」

二〇一〇年一月、フィリピン中西部のある島で、惣菜屋《そうざい》を経営する四十代くらいの女性と知り合った。彼女はとてもパワフルで、それでいて知的でユーモアもあった。経営方法は斬新《ざんしん》だったし工夫もあって繁盛していた。私は、彼女の惣菜屋さんへ何度か通うことにした。店で働く従業員や調理師の女性とも仲よくなって、さまざまな料理を教わった。するとあるとき、彼女の夫が真剣な面持《おも》ちで私に訊《き》いた。

「昔、ここで何があったか、あなたは知っているのか？　日本がどんなことをしたか、あなたはわかっているのか？」と。

知っています、と私は彼の目を見て言った。

「過去にここで起きたことは、大変残念な出来事で、私は日本人としてそのことを恥ずかしく思います。ただし、その反省の上に立って、日本は平和への取り組みを進めてきたし、これからもその決意は変わらないでしょう」

少し間があって彼は、もう昔の話だ、と私に言った。

「もう、ずっと、ずーっと昔の話だよ」

彼は数回うなずくと、そのまま店から出ていった。心配そうにしていた彼の妻が、ほっとした顔で歩み寄ってきた。


櫛渕さんは、私に言った。

「欧米と作ってきた関係、特にアメリカとの関係を大事にしながら、同時に、アジアを向く勇気を持とうじゃないかと私は思います。私はアジアの人とずいぶん話をして、日本に対して期待や希望を持っているとすごく感じるのですが、それに日本が応えられず、最初からあきらめてしまっている、あるいは怖がっているようなところを持っているのは、アジアの未来に対して不幸だという気がします」


これから先もアジアを歩けば、いくつかの苦しい局面にぶつかることがあるかもしれない。感情的な非難に対して、うまく気持ちを整理して冷静な対応ができるかどうか、もちろん努力はしていくけれど、いつも自信があるわけではない。腹が立ったりつらくなったり、私の感情はややこしい。けれど同時に、どれだけ非難を受けようとも、彼らの子どもや孫がいつか日本へ来ることがあれば、そして、もし下痢になればた、私は薬を差し出す病院へだって連れていく。世界中のどこの国のどんな人が来たとしても、必ず同じ対応をする。そして、日本の子どもたちがアジアや世界へ出ていったときに、薬をもらい病院へ連れていってもらえる道を残していこうと考えている。

魔法のキャンプ

グローバル化が進行し、世界のブロック化が進み、同じ地域の人々や世界中の人々とさらに緊密に連携をとりコミュニケーションを図ることが、これからもっと要求される。けれど、コミュニケーション能力は一朝一夕《いっちょういっせき》では身につかない。そこで、若い人たちが国外の人と交流を深め、人脈を作り、会話力を高められる場を提供していきたい、と櫛渕さんは話した。

「たとえばEUを作るときに、大学や高校の短期留学制度のようなものを導入したり、母国語以外に二ヵ国語は話せるようにしましょうということで、各国が協力し合ったりしました。東アジアでも、留学や人材交流を通じて、高校生ぐらいから海外の友達や人脈を作ったり、ほかの国の言葉を覚えたりできるような環境作りをしたらいいと思います。東洋的な価値観や文化を再発見するような経験は、若い世代にとってても大切です」

二〇〇九年秋、私はスロベニアという小さな国の十五歳の高校生から、一通のメールを受け取った。初めて彼女に会ったのは二〇〇八年の春のことだった。彼女は、私が以前タイで出会ったトレッキング旅行者の姪《めい》っ子で、トレッカーの友人をスロベニアに訪ねたときに、たまたまランチに居合わせたことがきっかけで親しくなった。歴史と音楽が好きな、ごく普通の家庭に育った物静かな子どもだった。

二〇〇九年の夏休みに、彼女はある国際キャンプに参加した。もともとはニューヨークの貧困街に住む、優秀なのにお金がなくて学ぶ機会のない子どもたちのために作られたもので、現在は、ニューヨークに二つ、デンマークに一つのキャンプが用意されている。十五歳の姪っ子は、キャンプのことを次のように説明していた。

「このキャンプには選考があるので、英語で経歴を書いたり面接に行ったりしました。キャンプには世界中から参加者がいますが、たいていはヨーロッパかアメリカの若者です。このキャンプは一種のリーダーを育成する場でもあって、その環境と公平性においてとても特別なものです。キャンプでは、だれかにバカにされたり笑われたりする心配をせずに、自分の考えや気持ちを表現できるのです」

しばらく彼女からのメールが途絶え、夏が過ぎた。そして突然、秋の初めに彼女から美しいメールが届いた。

「以前話したように、この夏休みはデンマークのキャンプに行ってきました。参加者のほとんどは女の子でしたが、キャンプは素晴らしく、決して退屈することはありませんでした。四十四人の女の子と十一人のカウンセラー（五名の男性を含む）が参加しました。私たちは、文化やステレオタイプ、食べ物や自然に関するワークショップや、私たちがやりたいと思ったプロジェクトをいろいろやりました。それから、全員が『一日リーダー』を体験しました。それがどんなものかというと、まず特別なテーマを一つ自分で選び、ほかの生徒はそのリーダーの望む通りの行いをしたり、衣服を身につけたりします。けれど、私がリーダーをやる日は、テーマを選ばず、どんなスケジュールも立てないことにしました（本当は立てなくてはいけない決まりだったけど……）。リーダーをやる前日の夜、私は、部屋のなかにあった掛け時計や腕時計をすべて回収することにしました。だから次の朝目覚めたとき、ほかの参加者はみんな混乱して、なかには怖がる人も出たけれど、みんなは次第に時間のわからない生活に慣れ、そして、ただ、あるがままの自分になっていきました。そして最後には、興味深い体験だったし楽しかったと言ってくれました。私たちはよくみんなで歌ったり、話し合ったり、それから土曜日ごとに会議を開いて、それぞれの特技や特別なものをみんなと分かち合う時間を持ちました。私はギターを弾きました。ある晩はずっと焚《たき》火《び》をして、それぞれが自分たちにあてて手紙を書いたこともありました。二ヵ月が過ぎて（それは二週間くらいに感じるほどあっという間だったけれど）、私はキャンプの終わりに、五十人の新しい姉妹と、五人の兄弟を得ました。このことは、私にとって最も特別で貴重な体験になりました。この世界の人々はどんな人もみんな、何か特別な魔法（特別な魅力）を自分のなかに持っている、それが本当のことなんだと気づきました。その魔法は、私たちの普段の暮らしのなかでは、なかなか気づきにくいものです。けれどキャンプのあいだは時間の流れが変わり、特別な環境があったおかげで、私たちはそれぞれが持つ魔法をもっと簡単に見つけることができたのですね。それからもう一つはっきりしたのは、私たちが新しい出会いをするとき、大切なのは自分のなかにあるものを分かち合い、その体験や出会った人々のことを覚えておくことであって、彼らに再び会えるかどうかを心配する必要はないということ。私たちはさまざまな方法で、これから先もずっとつながっていられるのです。そんなわけで、まあ、私はあまりインターネットが好きではないけれど、たまにはネットも役立つなと……。ところで、お元気ですか？　今、どこにいますか？　もうすぐまた、会いに来てくれますか？」

そして、櫛渕さんは言った。

「ハイテクを使った最先端の教育も大事だけれど、机の上の勉強だけではなく、いろんな価値観に触れさせることも大事にすべきです。専門性を高めるのと同時に、広い視野を併《あわ》せ持つこと。世界だって、G８（主要国首脳会議）だけでなく百九十以上もの国があって、自分たちの常識が通じないような国もたくさんあります。百人いたら百通りの生き方があっていいんだよっていう考えを若いときに皮膚感覚で知ってほしい。あとは現場ですね。百聞は一見に如《し》かず。多様なものに触れて、やわらかい心を育てる。それは何歳になっても忘れてはいけないことだと思います」

第十章
信頼

二〇〇四年、ネパールに住む姉に食品を含む二百ドル相当の物資を送った。荷物が届くと、ネパールの郵便局員は引き渡し代金として姉に二百ドルを請求した。突然できた課税制度のせいだった。おまけに荷物のなかの食品は、だれかに食べられてしまっていた。

二〇〇七年、中国のチベット自治区とウイグル自治区の旅行を終えたあと、私は英語版ブログに旅の様子を書きつづった。するとすぐ、北京《ペキン》に住む友人から連絡が来た。

「君のブログにアクセスできなくなった。どうやら検閲にひっかかってブロックされたみたいだ。何か、中国政府の気に障《さわ》るようなことでも書いちゃった？」

二〇〇九年、ヨルダンからエジプトへ渡る船のなかで、メッカへの巡礼帰りの一行と仲良くなった。彼らは、アメリカで生まれた新しい政権について淡々と話した。「オバマはアメリカの大統領であって僕たちのリーダーではないから、期待も失望もしていないよ。彼はアメリカの人々を幸せにするかもしれないけれど、だからと言って、彼に世界を変える力があるわけではないし、またそうする権利もない。ただ、忘れてはいけないのは、私たちの運命は常にパレスチナの同胞と共にあるということだ」

喪失

二〇〇七年、私はアフリカのジンバブエに滞在していた。政策的失敗により国の経済が破綻《はたん》し、通貨が崩壊した国だった。ハイパーインフレが起き、紙幣が紙くずになり、金融機関が完全に麻痺《まひ》し、スーパーの棚からモノが消えた。ATMの前にはいつも長蛇の列ができ、パンを一斤《いっきん》買うために二時間待ちもざらだった。至る所でパンの争奪戦が起き、小競《こぜ》り合《あ》いや軽犯罪も多発していた。国民の四分の一にあたる人口が、飢えから逃れるために国を離れた。私は夜行バスに乗り、隣国の南アフリカへ向かった。国境の入国管理局では、大勢のジンバブエ人が入国手続きを待って長い列を作っていた。

彼らの国は、破綻したのだ。

二〇〇九年、私は再びジンバブエを訪れた。すでに政府はジンバブエドルをあきらめ、米ドルの使用を公認していた。隣国からの支援も手伝って、街にはモノが戻っていた。私は米ドル紙幣を払って、ピザやジュースや野菜を買った。知り合ったジンバブエ人の男性は、一時はもう本当に死ぬかと思った、と言った。

「国中の人が餓死寸前まで追い込まれた。今はとりあえず、隣国との貿易も再開されているし、僕たちはどうにか生き延びている」

私は、これから少しずつ復興すれば、ジンバブエがアフリカ第二位の経済大国だったころの姿へ戻っていけるのではないか、と言った。

「ああ、僕たちもそれを願っている。でもこの国はもう壊れてしまったんだよ。教師も医者もビジネスマンも、技術者や大学教授だって、高い教育を受けた人はみんな国外へ逃げてしまった。確かに食べ物は戻ってきたけど、社会はもうボロボロだ」

「だけどこれから政治が変わって、国の状況が改善されれば、出ていってしまった人たちも帰ってくるんじゃないかしら」

彼は苦笑いを浮かべ、首を横に振った。

「いや、彼らはもう帰ってはこない。人も、企業も、頭脳も、一度失ったものはもう元へは戻らない。なぜだかわかるかい？　みんな恐れているからだ。少しくらいよくなっても、また悪いことが起きるかもしれない、政府が道を誤るかもしれない、そんなリスクを負ってまで帰って来ようとはだれもしない。僕たちの国は、信用を失った。一番大きなものを失ったんだ。信用できない場所からは、重要なものはみな去ってしまう。そしてあとに残されるのは、賄賂《わいろ》の請求ばかりする腐った役人と逃げ場のない人々だけだ」

魅力

「人口が減るということは、つまり去年まで百人いたお客さんが、今年は九十九人、来年は九十八人というふうにパイそのものが縮んでいくわけだから、もう経済成長なんてあったもんじゃない」

小川淳也《おがわじゅんや》議員は、人口構成が逆ピラミッドになることに加えて、人口そのものが全体的に収縮する時代について話しはじめた。二〇〇五年ごろを境に日本の人口は減りはじめた。今後は加速度的に減っていき、最大で年間百万人という単位で、日本から人がいなくなることが予想される。少子化対策はもちろんやらなくてはいけないが、それで人口が維持できるほどの回復力は期待できない。

「そうなると、できるだけ外から人とモノを引き付けるしかない。港湾の荷物や、空港経由の人の交流、もっと言えば、外国からの滞在者を増やす」

人とモノを引き付けてくる国家戦略。これはただ移民を受け入れるという話でも、人口を調整するという単純なことでもなく、要するに外国から日本へ来て滞在し、働いてもくれるし、消費もしてくれる人材を呼び込んでくるという話だと小川さんは言った。

「物流、航空政策もそうだし、あるいは外国人政策もそうですが、いろんな意味で最先端の技術を持って、日本に来なければ味わえないような技術やサービスを提供しなければいけない。世界の人から見て、一度は日本へ行って、できれば何年か日本で暮らしたいと思えるような、そんな国づくりをする以外にこの国が浮上する選択肢はない」

海外の企業や優秀な人々、資金や労働力や滞在者を国内へ引き付けてくるために、国は何をすべきなのか。活力のある産業と魅力ある社会基盤を作るというのは、どういうことなのか。山内康一《やまうちこういち》議員は、国はできるだけ産業へは介入せず、環境整備を優先すべきだと言った。

「産業を国が主導して作るというのは、これまでの調査研究を見る限りあまりうまくいっていない。だいたい、伸びる産業って役人が指導してないんですよね。グーグルだってアメリカ政府が主導してできたわけではありませんから」

ただし、アメリカにはグーグルなどのベンチャー企業を生み出せる素地がある。挑戦したいと思う人の意欲や能力を反映できるだけのグラウンドが用意されている。

「だから政府がやるべきことは、特定の産業にテコ入れするのではなく、たとえば法人税の減税をやったり、基礎研究をやれる場所をもっと作ったりすればいい。たとえば、スタンフォード大学があるからシリコンバレーができた、というところはあると思いますが、シリコンバレーを作るためにスタンフォード大学を作ったわけではないですよね。ですから国がやるべきことは、教育や科学技術分野の基礎研究に力を入れて、税制も、より起業しやすい形にしていく。これまではどちらかというと、既存の産業を守ることに熱心でしたが、今後はダメなところからは早めに撤退して、新しいものを作りやすいような環境だけを作りたい。経済産業省がこんな産業をやりなさいと指導するのは、もうやめましょう。役人は環境整備だけやる。教育と基礎研究と税制。そっちに力を入れていく」

日本はただシンプルに「魅力的な国づくり」をする。人を大切にして教育分野に力を入れ、研究機関を充実させていく。小さな企業やＮＰＯに活躍できる舞台を与え、地域が独自性を持ち、日本全国どこへ行っても地域に仕事と活力がある、柔軟で深みをもった国を作っていく。

グローバルに活躍できる国内外の優良企業が、日本国内に拠点を置いて活動したいと思えるような、住みやすく活力があり、情報のやりとりや人の出入りが自由で、国際社会に寛容で、高度な学術研究機関があるような社会づくりを、自覚的に推し進めていく。みんなが日本に来たいと思える、日本社会を真似《まね》たいと思える、日本の技術に触れたいと思えるような、思慮と懐《ふところ》の深さと長期的な視野をもった、柔軟で前向きな国を作ると、もう、腹をくくって進むしかない。

貢献

ある民主党の国会議員は、国外の災害援助を話題に挙げてこう言った。

「今や、災害の現場は国威発揚の場とも言われるくらい、どこが先陣を切るかという問題になっている」

私は、話の流れに割りこみ、聞き返した。

「援助の量や速さは、国力を見せつけたり競争したりするためのものなのでしょうか。現地の人々の立場や目線を意識されたことはありますか?」

するとと彼は、すぐさまこう答えた。

「私は、実際に災害の対応をしたわけではありません」

災害の現場は、国威発揚の場、ではない。

僕は、日本人として自分自身の自尊心を満たしきれていないんですよね、と小川さんは語りはじめた。

「それはやはり、世界からの尊敬や敬愛の眼差《まなざ》しが十分じゃないと感じるからです。人間だれしも他者から認められたいし、その延長線上に、おそらく日本人として、日本民族として、日本国として、世界から認められたいという本能的な欲求があるのだと思います。要するにその欲求を満たすことが、自分自身の個人的な自尊心を満たすことにもつながるというのが動機なんですけれど、じゃあどうすればいいのかというと、本当の意味で世界に貢献している人、貢献している国でないと世界から尊敬の眼差しは注がれないわけです」

どうすれば世界の尊敬を集められるのか。僕にもはっきりとはわかりませんが、と言いつつ小川さんは続けた。

「たとえば世界は今、化石燃料を燃やす方法から持続可能な方法へのエネルギーの構造改革を迫られています。これは産業革命以来三百年ぶりに起きた世界史的、人類史的出来事で、ここで最も先導的な役割を果たすことができれば、本当の意味で世界から厚い信頼と尊敬の眼差しが注がれるのではないか、という気がするんですよね。これもまた僕の持論ですが、世界から尊敬を集めることほど、最大の安全保障政策はないと思います。人間同士でもそうでしょう。尊敬されている人、得難《えがた》いと思われている人くらい、殴りかかりにくい相手っていないですよね」

英知

以前、アメリカで暮らしていたころ、私のルームメイトにユダヤ系共和党同盟の幹部がいた。彼女は有名大学の大学院で政治学を学んだインテリだった。私やほかのルームメイトたち——インド人の女性とアメリカ人の大学院生——は、彼女の高い弁論技術に説き伏せられる運命にあった。もちろん、だれも彼女となんて議論したくはなかったけれど……。キッチンで私を見つけると、彼女は楽しげな笑《え》みを浮かべて〝だれが世界を取り締まるべきか〟と質問するのがお決まりだった。もちろん答えはアメリカで、世界の小国や愚かな国に発言権を与えるような国連のやり方は間違っていて、アメリカが世界の警察として世のなかを支配すべきだと彼女は言った。彼女は、階段の壁にブッシュ大統領の肖像画と国旗を飾って崇拝していた。そしてあるとき私に言った。あなたから発生するカビのせいでアレルギー反応が出て困っている、と。

「カビ?」

私には意味がわからなかったし、ルームメイトや友達のなかにもわかる人はいなかった。カビに感染するなんて、だれも聞いたことがなかったからだ。ただ彼女は私のカビを恐れ、私の所持品すべてを消毒するよう命令した。テレビもCDもファイルも、ペン一本一本に至るまで、消毒液を浸した布で私はカビを拭《ふ》き取った——拭き取れたのかどうかも、実際はよくわからなかったけれど。それから彼女は、私の衣服やシーツやかばんをゴム手袋をした手で洗濯機に突っ込み、何度も何度も漂白をかけた。それから、マットや寝袋やスーツケースや履き物をすべて庭へ運び出し、天日干しするよう指導した。Tシャツもタオルもボロボロになった。ペンや履き物が変色し、私はそのカビ騒動で持ち物の三分の二を失った。それから彼女は、私の部屋のドアを開放することを禁じ、キッチンで椅子《いす》に座るときは、特別なマットを敷いてからその上に座るよう私に言った。彼女が飼っていた猫たちが間違えて私の部屋に入ったり、椅子に登ったりしてカビに感染したら困るからという理由だった。彼女は、見えない敵と戦っていた——きっと頭がよすぎたのかもしれない。

ある日彼女に誘われて、私はスタンフォード大学へある講演を聴きに出かけた。同盟の偉い人がやってきて演説をするということだった。その人はドクターという冠のつくとても優秀な人らしく、彼の話す言葉は単語がとても難しかった。大きな講堂は満席で、私の少し前には、白いスカーフを頭に巻いたイスラム系と想像がつく小柄な女性が座っていた。ドクターは、中東政策に関する話のなかで、こう断言した。

「コーランを読むな」

会場内はざわめいた。私は、白いスカーフの女性のピクリとも動かない頭を、ただじっと後ろから眺めていた。


アメリカが世界の警察として名乗りを上げていたころ、私は自転車で通学中に、右折してきたベンツと接触事故を起こした。特にけがはなかったし、私はそのまま学校へ行き、遅れた理由を説明した。するとクラスメイトたちは目を輝かせて、チャンスよ！　と口ぐちに言った。

「運転手を訴えれば、多額のカネが手に入る！」

私とスウェーデン人の留学生を除くすべてのクラスメイトが何枚ものクレジットカードを財布に詰めこみ、学校生活を送っていたころのことだ。

私は運転手を訴える気もなかったし、多額のカネも欲しくなかった。もう事故を起こさないよう気をつけようと思っていた。そしてその事故のあと、私の安否を気遣ってくれた人は、私の知る限り一人しかいなかった。学部で世話になっていたその先生は目を丸くして、開口一番こう言った。

「大丈夫かい？　けがはなかった？」

私は、大丈夫です、と言った。

「それなら安心した」

私はその言葉を聞いて、なんだかホッとした気持ちになった。

十二月になると、私は毎年、先生に手紙を書いた。そしてある日、先生から返事を受け取った。ちょうどアメリカが戦争に燃え、国旗を振り回し、愛国ムードのなかで理性を失って、排他主義へと傾いていったころのことだ。白い無地のポストカードに一枚の写真がくっつけてあった。それは以前、先生が日本の長崎にある孔子廟《こうしびょう》を訪れたときに撮ってきた写真だった。

カードには、間違いなく先生の筆跡で短いセンテンスが記されていた。

May wisdom be with us.

英知が我々と共にありますように。

エピローグ

二〇〇四年秋、百貨店での仕事を終えた私は、職場の三人の仲間とファストフード店へ立ち寄った。私たちは夕食を食べ、職場のほかの従業員のモノマネでさんざん笑ったあと、改まって椅子《いす》に座りなおした。私の向かいの同僚が一枚の紙を取り出すと、みんなでそれをのぞき込んだ。

彼女は静かに頭を下げて、お願いします、と私に言った。それは婚姻届の用紙で、彼女の名前と彼女のナイジェリア人の恋人の名前が丁寧《ていねい》な筆跡で書かれてあった。国際結婚の保証人を頼まれたのは、二度目のことだった。

彼女が恋人と知り合ってから、すでに二年半が経《た》っていた。彼女は普通に短大を出て、普通に就職を経験し、英語が話せるわけでもなく、とくに国際派でもなく、のほほんとした癒《いや》し系でみんなに好かれるタイプの人だった。見た目もかわいく、性格もよく、仕事はいつもきちんとしていて、角の立つようなもの言いが絶対にできないキャラだった。そんな彼女が、ある日私に結婚のことを打ち明けてきた。相手の男性がアフリカ人で両親は反対しているけれど、どう考えても彼以外には考えられない、と。

一体どんないきさつでナイジェリア人の彼を発見したのか、当然訊《き》かずにはいられなかったが、ただ地元の駅で声をかけられたのがきっかけだった、と彼女はやはり癒しに満ちた声で話した。国籍が違うだけで、経済的な問題もないし、夫の人柄も問題ないし、二人の関係は良好で文句のつけようはまったくなかった。

私は、婚姻届の保証人の欄に自分の名前を書き込むと、かばんからハンコを取り出して、願いを込めて丁寧に押した。

あれから六年近くが経った今、夫は自分の店を持ち、彼女はオフィスで働きながら、相変わらず仲よくやっている。

津村啓介《つむらけいすけ》議員はこう言った。

「百年前だったら『あなたお国はどちらですか?』と言ったら、『備前《びぜん》です』とか、少し前でも『岡山県人の、津村で〜』という世界でしたが、今は多くの人が自分の国は日本だと考えている。百年後は、人々の意識はさらに変化しているはずです」

津村さんがそう考えるようになったのは、イギリス留学がきっかけだった。

「EUは一つの国になっているという印象を受けました。言葉の違いはありますが、行ったり来たりも自由ですし、実際、ものすごい数のカップルが、国を越えてぐちゃぐちゃに入り混じっているわけですよね。おじいちゃん、おばあちゃんの国籍がみんな違うような人がたくさんいて、その人に『あなた何人《なにじん》?』なんて訊くのはナンセンスなところまで来ているわけです。そういう状況は、中・日・韓の間でもたくさんあるし、国際結婚も急増している。たとえば百年後に、国籍って本籍地くらいの意味になっている可能性もありますよね。本籍地に行けば、その人の基本的な情報ぐらいはあるという、身分証明ぐらいの意味は残るかもしれませんが、税金や年金は、ある一定の国の間では共通になっている可能性もある。グローバリゼーションの行きつくところは、そうなっているような気がするんですよね」

日本にやってきた人々が、地域社会により積極的に参加し、協力し合い、知恵を出し合い、地域活性化に貢献できる一番よい方法を模索していく。そのための環境を整備していく必要性はこれからもっと高まっていく。

「今後五十年、百年先を見たとき、いろんな意味でグローバリゼーションが進むと思います。その視点から現在の政策を見たときに、海外から来た人が生きにくくなるような、明らかにグローバリゼーションに逆行する政策は、短期的には受けるかもしれませんが、長い目でみたら保《も》たないと思います」

グローバリゼーションの進む速度や、その正確な中身について予測するのは難しい。けれどよほど特別なことがない限り、人やモノや企業が国境をまたぐ量と速さは、いずれにせよ増していく。

人々は自由に国境を越え、自分の街や結婚相手、勤めたい企業を世界中から自由に選び、そして世界中の企業もまた、利益を追求するために必要に応じてどこへでも行き、また日本にもやってくるに違いない。そんな状況で仕事をし、家族を持ち、あるいは国籍の違う両親に育てられた子どもたちは、国境や国家の概念を、これまでとは違う形でとらえ、国家への帰属意識そのものが変質していく可能性もある。

国家的なもの、全体主義的な考えが機能しなくなっていき、政府の役割は縮小され、余分な統制や中央集権的な分配は煙たがられていくだろう。そこで政府にできることは、もう一度ここで山内康一《やまうちこういち》議員の言葉を借りれば「環境整備だけ」にならざるを得ない。

政府は、国民が自由に暮らしを組み立て、地方が独自の色を出し、企業が力を発揮できる土壌を整備するしかない。そして同時に、日本で育つすべての子どもを、日本を含む世界中のどこへ行っても、それが国内の企業であっても、国外の企業であっても、通用する人材に育て上げ、国内外を問わず、就職や起業、そして社会に貢献するために必要な力をつけられるようにしていかなくてはいけない。

日本を含めた世界中の人々が、それが自国のなかか外かに関係なく、自分の住みたい場所を選び、自分のやりたい仕事を選び、そして自分の行きついた土地で力を発揮し、その場所を自らの手によって魅力的な場所へと作り上げていくような時代がいずれやってくるだろう。そのなかで日本という場所が、国内外の人や企業を引きつけるに十分な魅力を持てるかどうかは、政府の環境整備力と、一人一人が、それぞれの場所でいかに独自の知恵を絞り、どれくらい活《い》き活きとした暮らしができるかにかかっている。


二〇一〇年一月、私はフィリピン中部の島にいた。滞在先の安宿には日当たりのよいダイニングルームがあって、私は窓際のテーブルに着くと、一枚のハガキを取り出した。とても若い友人にあてた手紙だった——暮れにもらったクリスマスカードの返事を、まだ書いていなかったからだ。私はペンを握りしめ、窓から外の通りを眺めた。

街は活気にあふれ、バイクタクシーが威勢のいい音を立てて競うように走り過ぎていく。この国のバイクタクシーも、もうあと数年もすればすべて車に取って代わられるかもしれない。あるいは電気自動車が案外早くやってきて、街の騒音はあっという間に消えるかもしれない。あるいは暴動や混乱が起きて、街は荒廃するかもしれない。それはだれにもわからない。

私は、コーヒーの入ったカップに少しだけ口をつけ、それからペンを走らせた。とても若い友人は、両親それぞれの国と本人の出生国の合わせて三つの国籍を持ち、日本語と英語を流暢《りゅうちょう》に話す。

親愛なる友へ

おげんきですか。AKIは、FRIDAYに　ひこうきにのって、やまのぼりにいくよ。かえったら、またいっしょにあそぼうね。

たのしみにしているよ。ＬＯＶＥ

著者略歴

中村安希《なかむら あき》

ノンフィクション作家。
一九七九年、京都府に生まれ、三重県で育つ。
高校を卒業後、渡米。
カリフォルニア大学アーバイン校舞台芸術学部を卒業する。
アメリカと日本で三年間の社会人生活を送ったのち、
取材旅行へ。訪れた国は六十五に及ぶ。
二〇〇九年、『インパラの朝』（集英社）で
第七回開高健ノンフィクション賞を受賞。

Be《ビー》フラット　二〇一一年五月二十四日　第一版第一刷発行

著者　中村安希《なかむらあき》
発行所　株式会社亜紀書房
郵便番号　一〇一-〇〇五一
東京都千代田区神田神保町一-三二
電話　〇三-五二八〇-〇二六一
http://www.akishobo.com
振替　〇〇一〇〇-九-一四四〇三七
印刷・製本所　株式会社トライ
http://www.try-sky.com
Printed in Japan　ISBN978-4-7505-1108-5
乱丁本、落丁本はお取り替えいたします。